体育
运营管理

刘红华 ◎ 编著

辽宁人民出版社

图书在版编目（CIP）数据

体育运营管理 / 刘红华编著 . —沈阳 : 辽宁人民
出版社 , 2023.3
ISBN 978-7-205-10644-7

Ⅰ. ①体… Ⅱ. ①刘… Ⅲ. ①体育－运营管理－高等
学校－教材 Ⅳ. ①G80-05

中国版本图书馆 CIP 数据核字（2022）第 217947 号

出版发行：辽宁人民出版社
地址：沈阳市和平区十一纬路25号　邮编：110003
http://www.lnpph.com.cn
印　　刷：沈阳海世达印务有限公司
幅面尺寸：185mm×260mm
印　　张：14.25
字　　数：288千字
出版时间：2023年3月第1版
印刷时间：2023年3月第1次印刷
责任编辑：张天恒　王晓筱
装帧设计：众翔设计
责任校对：吴艳杰
书　　号：ISBN 978-7-205-10644-7

定　　价：58.00元

作者名单

刘红华

林勇虎　曹连众　杨　浏

前 言

本教材是一部面向高等体育院校体育管理类专业的通用体育运营管理学课程教材。适用于体育管理类专业及非体育管理类专业作为选修课程参考书。

这部教材是编写组根据长期从事体育管理类、管理类及体育相关课程的教学经验编写而成的。

本书的主要特色可以概括如下：

1.在教材理论知识方面：新教材的编写对体育运营管理的基础理论知识有了较详尽的阐述和分析。新教材不仅强调体育运营管理的基础知识，而且还吸收了体育运营管理的最新研究成果。

2.在教材的整体结构布局方面：教材总体结构、内容和章节上均有所调整，从学生对本门课程知识的理解上进行了合理安排，在案例的选择上有所创新，突出体育运营管理的特色。

3.在教材的实用性方面：新教材的编写强调体育运营管理的理论知识与实践技能培养的结合，突出了教材的实用性和实践性。

4.本书每一章的开头都有一个引导案例，每一章的结尾都有一个讨论案例，以培养和提升学生分析问题、解决问题的能力。

5.本书的每章结束部分都配有大量的复习思考题，便于学生对知识的理解和吸收。

本书的构思与写作提纲经由编写组集体研究决定，全书共分为十三章，具体各章写作分工如下：林勇虎负责第一、二章，刘红华负责第三、四、五、六、七、八、十、十一、十二、十三章，曹连众负责第九章。

本书在编写过程中参阅了国内外大量有关专家和学者的文献、观点及研究成果，对此我们已经尽可能地注明了出处。在此我们向有关专家和学者表示衷心的谢意！

由于时间较为仓促，书中肯定存在不少错漏，敬请各位专家和读者批评指正。在此我们深表谢意！

编写组

2022 年 9 月

目 录

第一章

体育运营管理概述

【本章提要】

本章在阐述运营的概念、转化过程、运营系统的构成、运营职能以及运营管理的重要性的基础上，对体育运营管理的内涵、目标、基本任务和决策内容进行深入分析，并对运营管理发展历程及主要发展趋势进行了说明。

【名词解释】

1.运营。是指一切创造财富的活动。它是人员、技术和管理综合集成，一个信息采集、加工、转化和传递的过程，一个服务的过程的动态开放的系统。

2.运营管理。是以管理学、管理经济学为理论基础，以数理统计方法、运筹学方法、计算机信息处理等为手段，以提高生产运作系统的运行效率，降低运行成本、按质、量、进度要求生产或提供市场所需产品或劳务为目的，对企业生产运作系统及其过程进行设计、计划、组织与控制，以提供或生产满足客户需要的产品或服务。

3.体育运营管理（Operations Management，OM）。是指在体育产业领域中运用运营管理的理论与方法，对体育产品生产和服务企业的运营状况进行管理和控制，以解决当前体育组织面临的实际运营问题。

【引导案例】

奥运场馆赛后运营

奥运场馆的赛后运营一直都是世界性难题。由于奥运场馆主要用于重大体育赛事活动，功能较为单一，承接的各类活动和赛事极为有限，加之场馆运营维护成本高等原因，导致奥运场馆赛后经营不佳，大量的场馆闲置或废弃。

北京奥运会后国家游泳中心以市场化导向持续开展场馆运营和管理，促进了奥运场馆的持续性发展。从2002年开始，北京市国有资产经营有限责任公司负责国家游泳中心的场馆建设和运营管理。对于奥运场馆运营带来的巨大困难，北京市国资公司对奥运场馆的赛后运营进行了前期的发展规划。2007年北京国家游泳中心有限责任公司成立，并全面负责国家游泳中心的运营管理。在北京奥运会和残奥会胜利闭幕后，国家游泳中心以市场为导向，开始推进奥运场馆赛后的运营管理，不断挖掘品牌价值，并竭力获得政府政策支持和资金扶持。

在管理模式上，以企业为主体，将场馆的所有权和经营权有效分离，实现专业化管理和社会化经营。如通过举办大型国内外体育赛事和文化演出活动，实现场馆的有效运营管理，以保证国有资产的保值和增值，推动北京城市发展。政府给予企业一定的优惠政策支持。以大型室内多功能水上中心为核心，坚持发展职业体育、群众体育、水上娱乐休闲活动，丰富场馆功能，并将无形资产开发作为场馆可持续发展的重点，不断发展品牌经济建设；坚持场馆实体和无形资产多元化开发，培育新的收入增长点，改善收入结构，保证场馆的可持续性发展；坚持科学管理，组建适应市场化运营管理需要的团队，制定并完善场馆运营管理制度，建设良好的企业文化，健全并完善国有独资企业现代企业管理制度；坚持打造高品质体育赛事和大型特色文化演出活动，保证场馆持续发展，提升场馆知名度、美誉度和社会影响力。据统计，2011年度水立方共成功举办了68项151场次的体育赛事、大型文艺演出、企业活动等一系列大型活动，接待近14万人次。除体育比赛外，首届CCTV网络春晚、红歌献给伟大的党"国资杯"歌咏比赛等文艺演出也在水立方成功举办。水立方在赛后运营中逐步培养品牌演出，全方位、多层次挖掘水立方品牌的商业价值。联合国资公司系统内的兄弟单位推出的"梦幻水立方"已连续演出三季、超过100场次。有效地利用了场馆资源，保证了水立方的知名度及社会影响力，赢得了相关国际组织、国家体育总局、北京市体育局等有关部门的高度认可。2011年，国家游泳中心与国家体育总局游泳运动管理中心合作，设立全国游泳锻炼等级标准推广中心。与北京市体育局及北京市水上救生协会合作，建立全国水质管理员培训班、北京市社会体育指导员游泳公众（项目）、北京市游泳救生员考核培训教学基地；进行游泳救生员、教练员培训考核工作，为北京市培训救生员800余人。与北京市西城区人民政府合作，实施北京市西城区青少年游泳锻炼计划活动。与"北师大附中"、"北京西师附小"、"红黄蓝幼儿园"等合作，开展游泳课教学活动。2012年，有组织地安排公众、企事业单位进行游泳健身、群众竞赛和教学培训，提高场馆综合利用，服务人民群众。国家游泳中心与北京市木樨园体育运动技术学校合作共建游泳、跳水、花样游泳、水球项目，帮助4支运动队改善训练条件，备战国内、国际赛事，提高运动成绩，选拔培养优秀运动员。国家游泳中心坚持特许商品开发，整合场馆商业运营，挖掘水立方品牌价值，以招商合作伙伴模式拓展市场开发渠道，实现社会效益与经济效益同步提高。

资料来源：国家体育总局资料整理 2011

第一节 运营的基本概述

一、运营概念与转化过程

（一）运营的概念

生产（Production）是指物质资料的生产活动。与生产相近的概念制造（manufacturing）的含义要比生产更为宽泛些。随着经济的发展、技术的进步以及社会工业化、信息化的进展，人们除了对各种有形产品的需求之外，对有形产品形成之后的相关服务的需求也不断提高，并且，随着社会结构越来越复杂，社会分工越来越细，原来附属于生产过程的一些业务、服务过程相继分离、独立出来，形成了专门的流通、零售、金融、房地产等服务行业，使社会第三产业的比重越来越大。此外，随着生活水平的提高，人们对教育、医疗、保险、理财、娱乐、人际交往等方面的要求也在提高，相关行业也在不断扩大，使生产的概念进一步扩展。过去，西方学者把与工厂联系在一起的有形产品的制造称为"production"，而将提供服务的活动称为"operations"。现在的趋势是将两者均称为"operations"，即运营。即无论是有形产品的生产过程，还是无形产品的提供过程，被统称为运营过程。

因此，运营是指一切创造财富的活动。它是人员、技术和管理综合集成，一个信息采集、加工、转化和传递的过程，一个服务的过程的动态开放的系统。

（二）运营的转化过程

运营活动是一个组织向社会提供产品和服务的过程，是一个"投入—转换—产出"的活动过程，是一个实现价值增值的过程，也是衡量转换过程成功与否的标志。为实现价值增值，要对转换过程实行控制，将产品或服务信息反馈给转换过程，进而反馈给投入端，从而决定所需投入的资源要素，如图1-1所示。输入是由输出决定的，需要何种产品和服务就决定了需要投入何种资源要素，如图1-1所示。

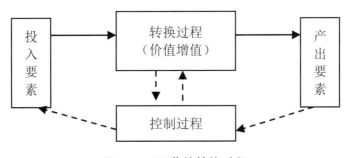

图1-1 运营的转换过程

二、运营系统与职能

（一）运营系统

运营系统是一个由输入、转换和输出三部分组成的开放性系统。运营系统是由人和机器构成，它能将输入的资源转化为有机的整体。输入资源包括有形与无形资源两类，具体包括人力、物料、设施设备、信息、技术、能源、土地、场地等资源。

表1-1　典型组织的输入与输出

组织	投入	转换	产出	反馈
工厂	人员、设备和工具	加工制造	产品	成本、产量和质量
医院	医生、护士、药物、医疗设备	诊断与治疗	健康的人、医学研究成果	药物反应、手术并发症
大学	教室、教材和教室	授课、试验、科研	学士、硕士、博士、科研成果	教学质量、淘汰率
体育健身俱乐部	人员、体育设施、器材、场地	课程、体验、享受服务	健美的人	健身后的满意程度、俱乐部管理问题、定位与定价问题
体育场馆	人员、体育设施、器材、场地	运动、授课、服务	满意的体育消费者	体育消费者的满意程度、体育场馆管理问题、定价问题

从表1-1可以看出，输出是由输入决定的，要想生产何种产品，就要投入何种资源要素。

（二）运营职能

随着市场竞争的加剧，运营管理已经成为当今世界范围内企业竞争的关键，如果企业没有运营管理活动，要想提高生产力只能成为空话。

组织的基本职能有三项：运营、财务与营销。无论是制造业还是非制造业，离开这三项基本职能，组织将无法存在。三项基本职能是相互依存的，只有三者密切配合才能实现效率最大化。

运营是创造产品或服务的价值，它是由与生产产品和提供服务直接相关的所有活动组成的，是企业最基本的活动。财务职能的能源与企业资金运动及其所体现的经济关系，表现为筹措资金、使用资金和分配资金等过程中的管理职能，包括财务预测、财务决策、财务计划、财务控制和财务分析等。从财务管理主体（所有者和经营者）角度来研究财务职能更具科学性。从该角度定义的财务职能更倾向于使所有者和经营者为实现企业目标而共同进行的财务管理所具有的职责和功能。把所有者的财务职能定义为决策、监督、调控，经营者的财务职能为组织、协调和控制，以确保各部门、各项目的运行。其实质是为组织筹措资金并合理地运营资金。财务职能提供的是一种理财服务。营销职能就是开发并挖掘用户的需求，让用户了解组织的产品和服务，并适时地将产品和服务送达用户手中。它主要包括对用户需求的预测、制订运营方案、提供适销对路的产品和服务等内容。

运营还与组织的其他职能，如法律、人力资源、采购与供应、公共关系、信息管理等相互联系和作用。见表1-2所示。

表1-2　运营的三个基本职能

	营销	运营	财务
制造业（如体育产品生产）	电视、报刊、网络等广告 展销活动 赞助活动	设施设计与布局 产品开发与设计 生产流程管理 质量管理与控制 库存管理	支付供应商费用 员工工资 预算 股息
服务业（如健身俱乐部的运营）	电视、期刊、网络等广告 定价 宣传品 赞助	设施安装、维护与保养 设施设计与布局 设计新店面	支付供应商费用 员工工资 收取现金 支付银行贷款

三、运营管理的重要性

（一）学习和研究运营管理对组织的意义

运营活动是一个组织向社会提供产品和服务的过程，它既是一个"投入—转换—产出"的活动过程，也是企业创造价值的过程，同时它也是衡量转换过程成功与否的标志。企业经营有五大基本职能：运营、营销、财务、技术和人力资源管理。运营是企业经营的基本职能之一。企业的经营活动，就是这五大职能有机联系的一个循环往复的过程。企业为了达到自己的经营目的，以上五大职能缺一不可。在一个企业组织中，运营职能往往占用了组织的绝大部分财力、设备和人力资源。因此，运营管理绩效的好坏对一个组织的成功与否起着至为关键的作用。

在当今激烈的市场竞争环境下，企业和企业之间的竞争最终体现在运营的结果，即企业所提供的产品和服务上。随着消费者市场需求日益多样化，顾客个性化要求越来越高，如何适时适量地提供高质量、低价格的产品，是现代企业经营管理领域中最富有挑战性的内容之一。日本和美国汽车工业之间的竞争就是这方面的一个最好的例子。在20世纪80年代，美国工商企业界的高层管理者曾偏重于资本运营、营销手段的开发等，而忽视了生产运营系统，导致整个生产活动与市场竞争的要求不一致。相反，日本企业对生产系统非常重视，加之卓有成效的运营管理技术和方法，不断提高其全球竞争力，取得成功。今天，绝大多数企业已经意识到了运营管理对企业竞争力的重要意义，开始重新审视运营管理在整个企业经营管理中的地位和作用，开始大力通过信息技术的应用等手段来加强运营管理。可见，学习和研究运营管理对企业组织的意义重大。

（二）学习和研究运营管理可以为学生提供职业发展机会

由于在组织经营过程中，有50%或更多的工作属于运营管理的范畴，运营管理领域给学生提供了大量的职业发展机会。可以从事制造业或服务业的过程分析、生产、质量、库存、供应链等管理工作。表1-3列出了现今运营管理高层、中层和基层职位，这些职位如：生管副总、物管副总、总经理或COO，生产经理、运营经理、车间经理、工厂经理、生产控制经理、库存经理、生产分析经理和品管经理等。

COO即首席运营官（Chief Operating Officer，COO，又常称为"运营官""运营总监"），是公司团体里负责监督管理每日活动的高阶官员。

可见，有趣和富有挑战性的工作，以及更多就业的机会是选择运营管理工作的主要因素。见表1-3所示。

表1-3　运营管理中部分基层工作

管理层次	制造业工作名称	工作简介/责任	服务业相似工作名称
高层	生产副总经理 物料管理副总经理	负责生产	运营副总经理
中层	厂长 项目经理	负责监督管理每日活动	店长、公司总经理（批发公司、经销公司）、运营总监
基层	部门主管 领班	负责监督管理每日活动	分行经理 部门主管
员工	生产督导	生产产品和服务时监督雇员工作，对成本、质量和进度的完成负责	服务督导
	采购员/采购计划员	购买原材料以满足运营需求，对供给执行情况负责	采购代理
	库存分析师	检查各种库存，对库存水平、审计、准确报告、签批订单和畅通负责	库存分析师
	生产控制员	签批生产订单、改进生产进度和计划、使订单畅通，对到期时间和高效的车间装运负责	生产计划员/装运计划员
	生产分析师	分析生产问题，修正预测，为新产品做计划以及出台其他特殊项目	运营分析师

管理层次	制造业工作名称	工作简介/责任	服务业相似工作名称
	质量管理员	检查样本合格率、进程控制、质量管理，对供应商以及生产出的产品质量负责	质量管理员

第二节　体育运营管理概述

一、体育运营管理的内涵

运营管理是以管理学、管理经济学为理论基础，以数理统计方法、运筹学方法、计算机信息处理等为手段，以提高生产运作系统的运行效率，降低运行成本，按质、量、进度要求生产或提供市场所需产品或劳务为目的，对企业生产运作系统及其过程进行设计、计划、组织与控制，以提供或生产满足客户需要的产品或服务。运营管理核心是实现价值增值。运营管理是一门平衡供需、研究以最有效的方式去实现各种需求的方法。

体育运营管理（Operations Management，OM）是指在体育产业领域中运用运营管理的理论与方法，对体育产品生产和服务企业的运营状况进行管理和控制，以解决当前体育组织面临的实际运营问题。如以健身器材跑步机为例，为了按用户的个性化需要生产跑步机，并将其送到用户手中，这其中需要经过多个程序和过程。首先，供应商需要购买原材料制造跑步机零部件，跑步机制造公司需要采购原材料或零部件，将其组装成各种款式的跑步机，分销商、代理商等中间商和各地区的物流公司通过互联网发出跑步机订单，地方零售商将直接与用户接触，开发和管理所有用户。这就涉及多个组织运营管理。体育运营管理就是对这些独立的过程进行管理，并使其合理有效。

二、体育运营管理的目标

体育运营管理追求的目标是高效、低耗、灵活、准时地生产合格产品和向顾客提供满意的服务。

（一）高效

所谓高效是指组织能够迅速地满足用户的需要。

（二）低耗

由于市场上的竞争非常激烈，低耗能够保证低成本、低价格，才能争取到用户，因此，组织在生产同样数量和质量的产品时，将人力、物力和财力的消耗降到最小，即是实现低耗。

（三）灵活

组织为快速适应市场的变化，为消费者提供多样化的产品和个性化的服务，需要体育组织不断开发出新的产品和服务，即是实现灵活目标。

（四）准时

准时是指组织在消费者需要的时间里能够提供出符合其要求的产品和服务。表1-4为体育产品生产或服务企业核心竞争力培养与运营管理要素的关系。

表1-4　体育产品生产或服务企业核心竞争力培养与运营管理要素的关系

体育产品生产或服务企业核心竞争力	体育运营管理要素
成本(Cost)	采购、库存控制、布局、LP……
质量(Quality)	SQC、TQC……
品种(Variety)	品种优化、生产计划……
柔性(Flexibility)	生产线设计、类型优化……
服务(Service)	BTO、JIT……
时间(Time)	敏捷性、JIT……

三、体育运营管理基本任务

以最有效的方式实现客户需要是运营管理基本任务。具体见表1-5。

表1-5　体育运营管理体系结构

基本任务	以最有效的方式实现消费者的需要
基本目标	功能、质量(Q)、成本（C）、交货期（D）、生产率（P）、士气（M）、安全（S）
管理对象	人（M）、机（M）、料（M）、法（M）、环（E）
系统功能	创新、质量、成本、柔性、速度
基本内容	系统设计：选址、设施布局、产品与工艺设计 活动管理：计划、控制、组织、维护与改进 要素管理：物料、设施、人力、质量、进度、成本 技术与方法：工业工程、数理统计、运筹学、信息技术、制造技术

四、体育运营管理的基本问题

体育运营管理的基本问题可以概括为以下三大类。

（一）输入（投入）要素管理

投入要素也就是资源要素，其中主要包括：

1.设施设备管理

保证设施设备的先进、充足、完备和灵活运作是运营设施管理的主要目的，它是体育产品和提供体育服务质量保证的重要指标之一。

2.物料管理

体育产品生产和服务企业在运营过程中所需要的各种资源大都需要外购，产品和服务的成本也取决于人、物料、设施设备的合理配置和利用，因此，物料管理的目标就是以最经济的方法保证及时、充足的物料供应。

3.人力资源管理

体育产品生产和服务企业为实现组织目标、提高效率，在运营过程中对组织中的人力资源进行规划、培训、选拔录用、考核激励的计划、组织、控制和协调的活动过程，最大限度地调动员工工作的积极性并发挥其潜力。

4.信息管理

体育产品生产和服务企业信息管理就是及时准确地搜集、加工、整理和传递各种必要的信息。信息系统是信息管理的基础，一般信息系统包括五个基本要素：输入、处理、输出、反馈和控制。其中，输入是处理原始数据的设施设备，处理是对原始数据进行加工、转换成有用信息的过程，输出是经加工获得有用信息，反馈是

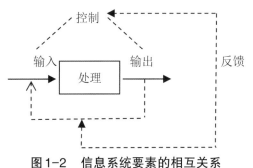

图1-2　信息系统要素的相互关系

对输出结果的调整，控制是对信息系统全过程进行的监控。如图1-2所示。

（二）输出（产出）要素管理

体育消费者需求的日益多样化、个性化和差异化，对体育产品生产和服务企业提出了越来越高的要求，如何保证提高产品和服务质量，如何保证适时适量地生产出新产品，如何提供体育消费者接受的产品和服务价格成为体育运营管理研究的三个基本问题。

一是保证体育产品和提供服务的质量。体育产品和服务质量包括产品的设计质量、制造质量和服务质量。

二是保证适时、适量地生产出体育新产品或提供体育消费者新的服务。现代化

生产需要将人力、物力和财力资源要素合理有效地组合在一起，生产出体育消费者满意的新产品和提供新服务，这是一项艰巨而复杂的系统工程。

三是提供体育消费者接受的产品和服务价格。企业不仅要提供给消费者可以接受的价格，还要为企业带来利润。这涉及组织的人力、物力和财力资源的合理配置、运用和管理。

以上三项内容即是体育运营管理的基本问题。

（三）环境要素管理

体育组织作为一个开放的系统，必然要受到宏观的外部环境影响，宏观的外部环境因素包括政治环境、经济环境、社会文化环境、法律环境等方面。如表1-6所示。

表1-6　环境要素分析法

环境	因素
政治环境	政治的稳定性、政府的政策
经济环境	市场机会、社会经济发展水平
社会文化环境	文化程度、文化差异
法律环境	法律法规的完善程度

环境要素的管理始于20世纪50年代，由早期的弗雷德里克·温斯洛·泰勒提出"科学管理"理论开始，经过60年代的营销管理、70年代的公司战略管理到80年代的"全球一体化战略""技术创新战略"和"环境保护"等。国际化组织于1996年颁布了有关环境管理的ISO4000系列标准。在我国计划经济时代，企业生产统一安排和分配，企业不需要关注市场，企业的原材料供应和产品的产出由国家统一安排，企业的盈亏也由国家负责。而在市场经济时代，企业作为独立的经营单位，实行自负盈亏、独立经营核算，企业开始关注市场的需求，投入、产出要素的管理，企业在为社会提供产品和服务过程中，开始更多地关注环境保护问题，关注企业产品或服务转换过程中排出的废水、废气、废渣等是否会给社会生态环境带来污染和危害。也就是说，企业在注重经济效益的同时，更为注重社会效益、经济效益和环境效益三者的平衡。现在很多企业开始采用约翰·艾尔金顿（John Elkington）提出的"三重底线"指标用其来衡量企业自身的业绩，它是由财务、环境和社会三个方面构成的。如图1-3所示。

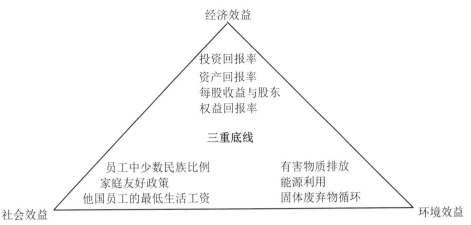

图1-3 财务、环境和社会三方面组成的"三重底线"指标

五、体育运营管理的决策内容

从运营活动过程的内容来看，体育运营管理的决策内容包括体育运营战略决策、体育运营系统的设计决策、体育运营系统的运行决策、体育运营系统的维护与改进决策四个部分。

（一）体育运营战略决策

体育运营战略是对体育产品生产和服务企业运营系统进行战略定位，从运营系统的产出如何更好地满足体育消费者需求的角度出发，确定"生产什么、如何生产、生产的数量"或"提供什么服务、服务的定位、如何提供服务"的问题，明确体育运营管理战略的结构体系和运行机制，提高体育企业产品和服务上的竞争优势，延长体育产品生产和服务企业的生命周期。

（二）体育运营系统的设计决策

在体育运营战略的指导下，体育运营系统的设计十分重要。体育运营系统的设计将会涉及较长的时间，一经决策便会影响后续的投资行为、运营成本等一系列问题。体育运营系统的设计包括体育产品或服务的研发、选择和设计，工艺流程和服务的设计，体育运营设施的选址和布置，体育运营流程的分析和设计。

（三）体育运营系统的运行决策

体育运营系统的运行决策是指适应体育市场的变化，按照体育消费者的需求，提供顾客满意的产品和服务的决策过程。体育运营系统的运行包括体育市场需求预测、体育运营计划安排、物料采购管理、库存管理、项目管理等。在运营系统的运行过程中，发挥运营的计划、组织与控制的基本职能。

（四）体育运营系统的维护与改进决策

体育运营系统的维护与改进主要包括体育设施的维护与管理、质量管理、精益制造、供应链管理、流程管理等。

第三节　现代运营管理发展的新趋势

一、运营管理发展历史

运营管理是对企业提供用户满意的产品和服务的系统所进行的设计、运行、维护、评价和改进过程的管理。表1-7列示了运营管理的发展史、各个时期的代表人物以及理论研究的内容。

表1-7　运营管理发展史

年代	概念	工具	代表人物
20世纪10年代	科学管理	时间研究、工作研究	弗雷德里克·温斯洛·泰勒（美国）
	工业心理学	动作研究	吉尔布雷斯夫妇（美国）
	流水装配线	活动规划表	福特和甘特（美国）
	经济批量模型	订货管理的EOQ	F·W·哈里斯（美国）
20世纪30年代	统计质量管理	统计表和抽样检验	休哈特、道奇和罗米格（美国）
	霍桑实验	工作活动的抽样分析	梅奥（美国）和提普特（英国）
20世纪40-60年代	运筹学的应用	线性规划法、模拟、排队论仿真、决策论、CPM和PERT	美国和西欧的很多研究者
20世纪70年代	商业中的计算机应用	库存管理、项目管理、MRP	IBM公司的约瑟夫·奥里奇和奥里弗·怀特是MRP的主要革新者
	服务数量和质量	服务部门的大量生产	麦当劳饭店
20世纪80年代	制造策略图	制造上的竞争	哈佛管理学院教师
	看板管理、全面质量控制和工厂自动化	JIT、CAD/CAM、机器人	丰田的大野耐一（日本）、戴明（德国）和朱兰以及美国工程师
	同步制造	同步分析和约束的优化理论	格劳亚特（以色列）
20世纪90年代	全面质量管理	ISO9000、国家质量奖、价值工程、并行工程和持续改进	国家标准和技术学会、美国质量管理协会和国际标准化组织
	企业业务流程再造	基本变化图	哈默和咨询公司

年代	概念	工具	代表人物
20世纪90年代	虚拟企业	计算机网络、因特网、万维网	美国政府、微软公司
	供应链管理	SAP/R3、客户/服务器软件	SAP公司（德国）和ORACIE公司
21世纪	电子商务	互联网	亚马逊、雅虎

从上表可以将运营管理大致分为早期的经典生产管理、现代生产管理、运营管理三个阶段。

（一）早期经典生产管理阶段（20世纪10-40年代）

20世纪初期，被称为"科学管理之父"的弗雷德里克·温斯洛·泰勒在其著作《科学管理原理》（The Principles of Management）中提出"作业研究"，其实质是缩短了加工时间（Processing Time），这对于提高当时的生产效率起到极大作用。这一阶段的主要特点是在作业层提高效率、降低成本。在泰勒科学研究理论的基础上，被称为"动作研究之父"的弗兰克·吉尔布雷斯（Frank Gibreth）和其从事心理研究的夫人莉莲·吉尔布雷斯（Lillian Gilbreth）提出动作的经济原理，将行为动作与心理学联系起来，帮助工人消除多余、笨拙的动作，解决了工人疲劳问题，从而节省体力消耗。亨利·甘特（Henry Grantt）发现非物质报酬对刺激工人的积极作用，发明了至今仍然广泛使用的用于编制作业计划的甘特图。爱默生将泰勒的思想用于组织结构来提高组织的效率，并论证将科学管理原理用于铁路将每天节省数百万美元。亨利·福特（Henry Ford）是一位最早实践泰勒的科学管理的实业家，1913年，他将科学管理原理用于汽车制造，并将亚当·斯密（Adam Smith）的劳动分工理论与惠特尼（Whitney）的可互换零部件运用到了极致，在汽车工厂内安装了第一条汽车流水线，开发出了流水线的最早雏形，实现了大量生产（mass production），极大地提高了劳动生产率，降低了成本，使汽车工业成为美国的支柱产业，改变了人们的生活方式。他所创立的"产品标准化原理""作业单纯化原理"以及"移动装配法"在生产管理史上都具有极为重要的意义。1915年，美国的哈里斯（F·W·Harris）提出了运用数学模型解决库存管理问题，从此，数学被引入管理学科领域。1930年，贝尔电话实验室的道奇（H·F·Dodge），罗米格（H·G·Roming）、休哈特（W·Shewhart）基于统计分析，提出了质量控制与管理的统计分析程序与模型。但这些理论直到第二次世界大战爆发后才得到应用。这一时期生产管理主要是在生产系统内部的计划和控制，可以称为狭义的生产管理学。

（二）现代生产管理阶段（20世纪40-80年代）

二战期间由于美国政府组织各方面的专家对战争中遇到的各种问题进行研究，

将作业研究或称运筹学（Operations Reserch，OR）发展起来。战后，运筹学及其在生产管理中的应用得以迅猛发展，使得需求预测、库存管理、项目管理数学规划法、网络分析技术、价值工程等一系列定量分析方法被应用到生产管理。20世纪70年代，生产管理大量引用新设备、新技术，并相应地改变工作方式，选择、设计和调整生产系统。20世纪80年代，在以丰田为首的日本企业的倡导下，准时生产方式（just in time，JT）作为制造思想的重大突破在全世界兴起并得到推广。准时化生产方式是一套完整、集成的活动系统，这些活动按需求确保及时送达零部件，并保持实现大量生产的零部件的最小库存。它注重生产过程的合理性、高效性和灵活性的生产管理技术，提高了生产系统的灵活性、柔性、竞争力，被广泛应用到日本的许多行业和企业中，但其理论并不适用于汽车生产。由于这一时期生产方式趋于成熟和普及，生产管理进入了现代化生产管理阶段。

（三）运营管理阶段（20世纪90年代以后）

这一阶段主要包含全面质量管理、企业业务流程再造、供应链管理、电子商务管理等内容。

20世纪80年代和90年代，西方工商企业界和公共管理部门实行全面质量管理（Total Quality Management，TQM）。这一时期有诸多生产与运作管理领域的人物出现，如美国通用电气公司的费根堡姆。被称为"质量管理之父"的质量管理专家戴明和朱兰提出"全面质量管理"（Total Quality Management，TQM）的概念，认为"全面质量管理是为了能够在最经济的水平上，充分满足客户要求的条件下进行生产和提供服务，把企业各部门在研制质量、维持质量和提高质量的活动中构成为一体的一种有效体系"。起初，在50年代他们提出的理论在美国没有得到关注，直到80年代该理论在日本电子、汽车等领域产品的质量和竞争力超过美国后，才引起美国的重视。日本在工业企业中开展质量管理小组活动的行为，使全面质量管理活动迅速发展起来。全面质量管理就是一个组织以质量为中心，以全员参与为基础，目的在于通过让顾客满意和本组织所有成员及社会受益而达到长期成功的管理途径。

业务流程再造（BPR）的三位公认的奠基人为美国哈佛大学博士迈克尔·哈默（Michael Hammer）教授、CSC管理顾问公司董事长詹姆斯·钱皮（James Champy）和托马斯·达文波特（Thomas Davenport）。20世纪90年代，哈默教授和詹姆斯·钱皮（James Champy）在其合作的文章 Reengineering Work：Don't Automate，But Obliterate 中提出了"业务流程再造"的概念，认为"BPR是对企业的业务流程（Process）做根本性（Fundamental）的思考和彻底性（Radical）重建，其目的是在成本、质量、服务和速度等方面取得显著性（Dramatic）的改善，使得企业能最大限度地适应以顾客（Customer）、竞争（Competition）、变化（Change）为特征的现代企业经营环境"。

业务流程再造是一种管理思想，它强调以业务流程为改造对象和中心，以关心客户的需求和满意度为目标，来对现行的业务流程进行根本的再思考和彻底的再设计，并且利用先进的制导技术、信息技术以及现代化的管理手段，最大限度地实现技术上的功能集成和管理上的职能集成，从而实现企业经营在成本、质量、服务和速度等方面的巨大改善。

1993年哈默与钱皮出版了《再造企业：管理革命的宣言》一书，指出，面临着顾客需求的多样化与个性化、竞争激烈化、变化日益频繁化这三股力量冲击的当代企业，必须彻底改变传统的工作组织方式，从更好地满足内部和外部顾客需求出发，将流程涉及的一系列跨职能、跨边界的活动集成和整合起来，即以首尾相连的完整连贯的一体化流程来取代以往的被各部门割裂的、片段黏合式的破碎流程。这一突破性、根本性的变革称为"业务流程再造"。

至此，BPR作为一种新的管理思想，像一股风潮席卷了整个美国和其他工业化国家。美国哈佛商学院以及各国的MBA的核心课程，都以业务流程再造理论为指导思想进行了修订。世界各国企业，包括全球500强企业，还有我国的海尔集团、中国民航、TCL集团等都率先应用了这一理论。

供应链管理（Supply Chain Management，SCM）是在20世纪70年代晚期由迈克尔·波特提出的，其实质就是在满足一定的客户服务水平的条件下，为了使整个供应链系统成本达到最小而把供应商、制造商、仓库、配送中心和渠道商等有效地组织在一起来进行的产品制造、转运、分销及销售的管理方法。供应链管理就是指对整个供应链系统进行计划、协调、操作、控制和优化的各种活动和过程，其目标是要将顾客所需的正确的产品（Right Product）能够在正确的时间（Right Time）、按照正确的数量（Right Quantity）、正确的质量（Right Quality）和正确的状态（Right Status）送到正确的地点（Right Place），并使总成本达到最佳化。

随着因特网的迅速发展，电子商务（Electronic Commerce）作为一种全新的商业模式，将各行各业通过互联网连接在一起，开展现实与虚拟的合作和交易。电子商务可以看作是一种业务的转型，企业利用以互联网为基础的现代电子信息手段，对企业经济业务活动进行全面整合，以达到增加价值、提高效率、降低成本、提高企业间竞争能力的目的。电子商务实际上改变了企业业务运作模式，改变了企业竞争策略，提升了企业间业务合作伙伴关系。电子商务实质是利用计算机技术、网络技术和远程通信技术，实现整个商务（买卖）过程中的电子化、数字化和网络化。人们不再是面对面地看着实实在在的货物、靠纸介质单据（包括现金）进行买卖交易，而是通过网络，通过网上琳琅满目的商品信息、完善的物流配送系统和方便安全的资金结算系统进行交易。

总的来看，进入90年代，人们不但对各种有形产品产生需求，而且不断地提高有形产品相关服务的需求。服务业越来越受到人们的关注和重视，于是人们开始研究和管理组织提供无形产品的过程。

二、运营管理发展的主要趋势

经济全球化、信息技术的发展和环境保护意识的提高对不同组织的运营管理理念产生了不同的影响，现归纳为以下几点。

（一）电子商务

20世纪90年代以后，在全球各地广泛的商业贸易活动中，在因特网开放的网络环境下，基于浏览器/服务器应用方式，买卖双方不谋面即可进行各种商贸活动，实现了消费者的网上购物、商户之间的网上交易和在线电子支付以及各种商务活动、交易活动、金融活动和相关的综合服务活动的一种新型的商业运营模式——电子商务。由于电子商务很好地融合了新技术与传统行业，无论是从发展新型产业还是扩大内需的角度来讲，电子商务的前景都非常看好。它改变了企业在市场上的竞争方式，并将会成为未来经济的新增长点。

据2022年中国电子商务行业发展现状及市场规模分析，2021年，全国电子商务交易额达42.3万亿元，全国网上零售额达13.09万亿元。从用户群体看，据中国互联网络信息中心（CNNIC）数据显示，截至2022年6月，我国网络购物用户规模达8.41亿，较2021年12月下降153万，占网民整体的80.0%。

（二）业务过程重组

企业在提供产品和服务过程中，更为重视资源的合理优化配置，以尽可能低的成本，高速、快捷地制造个性化的产品和提供个性化的服务。企业为提高对顾客的服务质量，提高自身的竞争优势，必须进行业务流程的重组和改造，以更为灵活和柔性的方式来应对内外部环境的变化。

（三）精益生产

精益生产（Lean Production，LP）是一种起源于丰田汽车制造的流水线制造方法论，是美国麻省理工学院国际汽车项目组的研究者John Krafoik给日本汽车工业的生产方式起的名称，也被称为"丰田生产系统"。与传统的大批量生产相比，精益生产只需要一半的人员、一半的生产场地、一半的投资、一半的生产周期时间、一半的产品开发时间和少得多的库存，就能生产品质更高、品种更多的产品。精益生产既是一种原理，又是一种新的生产方式。

精益生产是以社会需求为依据，运用多种现代管理方法和手段，充分发挥人的积极作用，有效配置和合理使用企业资源，最大限度地为企业谋求经济效益的一种新型生产方式。日本人工作上追求完美无缺，在制造上讲"双零"——零缺陷和零库存。

精益生产的基本原理就是不断改进、消除浪费，协力作业和沟通是精益生产的保证。其核心思想是准时化生产。它包括产品设计的精细化、设施布置的精细化、人力资源的优化、JIT生产计划与控制、战略的供需关系、现场改善、全面质量管理等几个方面。

（四）价值链管理

公司的成功不仅取决于每个部门做得如何，还取决于不同部门之间的协调。通常，公司各部门强调自身部门利益最大化，而不是公司和顾客的利益最大化。为了解决这些问题，企业需要超越其自身价值链，进入到供应商、分销商和最终顾客价值链中，寻求战略优势。企业将价值链向外延伸，就会形成一个由供应商、分销商和最终顾客组成的价值链，这样，通过改善企业与其价值链上成员的合作关系，提高顾客满意度，改善整个系统的绩效，提高自身的核心竞争力。

【复习思考题】

1. 结合自身的实际情况谈谈学习和研究运营管理的意义。
2. 请阐述运营的概念和转化过程。
3. 请分析并说明运营系统的构成及运营职能。
4. 试分析运营过程，即"投入—转换—产出"的过程，这与传统的生产过程有什么不同。
5. 体育场馆、体育产品生产企业、体育健身俱乐部、超市、银行这些组织的投入和产出是什么？其变换过程的特点是什么？
6. 请阐述运营管理的概念、体育运营管理的内涵、目标和基本任务。
7. 请举例说明体育运营管理的决策包括哪些内容。
8. 很多企业认为致力于环境要素管理会给企业的利润带来负面影响，因为这要花费很多钱。你如何看待企业致力于环境要素管理与其利润之间的关系？
9. 请阐述运营管理发展历程。
10. 请结合实际分析运营管理发展的主要趋势。

【案例分析】

破解大型公共体育场馆赛后运营难题的思考

沈阳绿岛体育中心被拆，再次引发社会对于场馆运营的关注。

破解大型体育场馆赛后运营和有效利用的这一世界级难题，还需要分析造成运营困难的主观原因，这样才能从源头上探索破解手段。综观目前国内大型体育场馆赛后运营困难和提供公共服务产品不足的现状，主要存在四个方面的突出问题。

公益性与经营性脱节

公共体育场馆是政府代表纳税人投资建设的社会公共设施，不断强化公共体育场馆的公共服务职能是各级政府的基本责任，《中华人民共和国体育法》《公共文化体育设施条例》等法律法规都对此做出了明确规定。目前，很多地方政府往往把经济效益作为衡量场馆业绩的主要评价指标，在财政扶持政策上对事业性质的公共体育场馆由全额补贴转为差额补贴，甚至完全转为自收自支，迫使本应以公益性服务为主的体育场馆及其配套设施，大量用于楼堂馆所的商业性服务。调查显示，目前相当多的国内大型公共体育场馆商业性物业出租的收入占到场馆总收入的30%以上，有的甚至超过70%，引发社会各界的不满。

场馆规划建设与赛后运营脱节

许多地方都把大型体育场馆当作城市标志性建筑来规划设计。盲目聘请外国设计师，设计理念脱离中国的实际，他们把中国当作实现其场馆设计理念的试验场，在场馆规划设计和建设上标新立异，在建筑空间和建筑材料上没有充分考虑节能环保，加大了建设的难度，造成了成本的攀升，也加大了场馆建成后日常运营的能耗和清洁卫生成本。

相当多的场馆配套设施不能与主体设施同步建设完工，均需进行二次改造。由于地方政府缺乏对二次改造的资金投入，造成场馆因配套设施滞后，一座新建场馆一般需要5年以上，甚至更长的时间才能逐步配套完善，对场馆的日常运营无疑产生较大的制约影响。

另一个突出矛盾就是布局选址，相当多的地方政府在大型体育场馆的选址上，没有考虑场馆运营与人口密度和使用人群之间的关系，通常将新建场馆规划在远离城市中心的边缘地带，造成场馆有效使用率不够，有的场馆长期处于闲置状况。

还有一个较大的缺陷，就是继续沿用"一场二馆"集中规划建设的模式。城市规划部门通常以便于集中用地规划和赛时方便统一管理为依据，将大型体育场馆集中规划在城市某一区域，没有综合考虑赛后场馆设施的均衡布局，造成城市某一区域体育设施过分集中，而其他区域设施匮乏，在一定程度上影响了场馆资源使用的最大化。

保障措施与扶持政策脱节

各地财税公共服务部门往往忽视公共体育场馆的公益性，将其等同于商业企业而实施相同的税费政策，不仅税种繁多，而且税率较高，有的场馆每年缴税金额占到经营性收入的20%左右。

场馆维修、维护费用没有保障，加速了场馆设备老化。从国外经验看，大型公共体育场馆在日常维护方面的支出应保持在场馆经费年度总支出的20%以上，如法国为21.8%、德国为23.4%。由于我国很多公共体育场馆建设年份较早，场馆年久失修，需要的费用就更大。在没有大型赛事推动情况下，政府基本没有设立年度专门款项对场馆进行维修改造。

运营管理队伍与市场开发脱节

长期以来公共体育场馆的进入渠道多为体育系统内部流动，致使人员知识结构失衡，冗员滞胀，专业化人才匮乏。加上现有人员结构臃肿，岗位设置不合理，相当多的场馆没有建立起适应市场经济环境和要求的运营管理机构和制度，有的场馆甚至没有市场开发、营销服务部门。由于公共体育场馆经营管理者文化水平和业务素质普遍不高，缺乏创新思路，经营手段单一，场馆竞争力不强。

资料来源：华体网 2012

讨论问题：结合案例谈谈我国公共体育场馆的赛后运营。

第二章

体育服务运营概述

【本章提要】

本章阐述了服务运营的兴起、体育服务业的概念、体育服务运营的特点、服务运营与生产运营的区别，并简要说明了体育服务产品的构成。

【名词解释】

体育服务业就是通过市场的供求关系不断自我调节资源配置，以体育运动技能及健身与娱乐功能为载体的服务性行业。

【引导案例】

赛事营销步入定制化时代

对于迪士尼而言，定制化的事情已经做了很多年。迪士尼的目标受众是孩子和年轻人，以及他们的家庭。由于体育是最能够引起大家参与的活动，因此在考量这个因素后，选择CCTV5和中视体育，来定制"迪士尼歌舞青春"——"拉拉舞比赛"的市场推广活动。而随着产业化时代的到来，在对体育赛事的包装与整合中，无论是赛事平台的搭建还是企业品牌的营销需求，都越来越多地要求准确、快速，并符合自身的文化特色。因此，做好体育赛事的定制化服务需要做好以下工作：一是必须了解客户的需求和文化，明白客户需要用什么样的平台才能够沟通其目标定位的核心人群，了解客户不同环节的需求后，针对其受众群最大化核心目标。二是要了解这个客户的公司结构到底是怎样的，即了解客户的哪一个部门来付费。有些公司是由市场部进行主导，有些公司则是由业务部门进行主导，而国际级大企业在选择业务战略时是由全球市场进行主导的。三是作为一个赛事运营方，都要注意为客户量身定制包括时间、地点、人物等方面的服务。时间，即单项赛事本身的日程以及赛事举办地的气候，举办城市的招待能力和交通运输能力，在量身定制方案的时候有很多不同的环节需要考虑，从帮助客户的角度来看，即从终端到终端的构思和设计。

资料来源：中国体育报资料整理 2009

现代服务业快速发展，服务业逐渐成为各国经济发展的重要支柱，在国家财政收入中占据越来越大的比重。服务在社会经济活动中的重要性是与日俱增的，社会经济越发达，服务的地位越突出。服务既是企业间竞争的焦点，也为企业的发展提供机遇，不论是服务业还是以产品为主体的企业，服务都将成为企业价值的核心。

服务的这种核心地位是由市场和技术两个要素决定的：一方面，顾客已不满足于用技术手段解决需求问题，在最大限度减少顾客的时间成本、精神成本、精力成本的基础上，提供更多的个性化和超值服务等；另一方面，随着信息技术的迅速发展，企业的创新服务变得更加便捷，即企业的服务高性能化、智能化。显然，现代社会企业间的竞争实质上是服务的竞争。

第一节　服务业的兴起

20世纪30年代，英国经济学家费希尔教授在他的《安全与进步的冲突》一书中，就各国经济发展史进行了深入考察和分析，并将经济的发展分成三个阶段，即前工业社会、工业社会和后工业社会。

在前工业社会阶段，农业和畜牧业是社会的主导产业。人们主要利用体力、简单工具，以家庭为单位进行生产。在工业社会阶段，工业生产得以大规模发展。人们主要从事制造业工作，通过机器、设备的运用，改变自然界的物质形态，提供人们需要的产品。在后工业社会阶段，也就是从20世纪初期开始，人们主要从事旅游、娱乐、文化艺术、教育和科研等服务业。人们以信息技术为依托，通过不同的社会组织，为他人提供服务。服务业最早主要是为商品流通服务的。随着城市的繁荣，居民的日益增多，不仅在经济活动中离不开服务业，而且服务业也逐渐转向以为人们的生活服务为主。服务业成为推动世界各国经济发展的主要推动力，成为衡量一个国家现代社会经济发达程度的重要标志。

进入21世纪，发达国家的服务业增加值占GDP的比重达到70%以上，服务业就业水平达到69%。据2022年中国新闻网发布的国家统计局数据显示，2012年，服务业增加值占GDP比重达45.5%，首次超过第二产业，2015年起保持在50%以上，2021年达53.3%，高于第二产业13.9个百分点。2012—2019年，服务业对国内生产总值的贡献率从45.0%增长到63.5%，提高18.5个百分点。2020年受新冠肺炎疫情冲击，聚集性、接触性服务业受到较大影响，服务业对经济增长的贡献率降至

46.3%，但仍稳居三次产业之首。2013—2021年，服务业就业人员累计增加8375万人，年均增长3.0%，平均每年增加就业人员931万人。2021年，服务业就业人员35868万人，占全国就业人员总数的48.0%，比2012年提高11.9个百分点。可见，我国服务业取得了较快的发展。服务业吸收就业的比重不断增加，西方发达国家服务业就业比重普遍达到70%左右，少数发达国家达到80%以上。2010年我国服务业就业人数26332万人，占全社会就业人数的34.8%。服务业有望成为吸纳就业人数最多的部门。在服务业内部结构中，生产性服务比重加大，主要工业国达50%以上，全球500强企业有56%从事服务业。国际服务贸易增长强劲。1980—2000年期间，世界服务贸易额增长了近400%，年均增长率为7.1%，而货物贸易额增长不到300%，年均增长仅5%。2000年，发达国家服务贸易出口占全球水平总额的74%，服务业的年均增长率达到7.1%。

在信息通信服务领域，到2002年，全球每百人拥有固定电话比例达18%，移动电话比例达18.77%，互联网用户比例达9.72%。金融行业已经迅速从传统服务业进入现代服务业的行列，网络银行、网上证券交易等金融业务规模逐年迅速扩张，电子商务在近年得到快速发展。据联合国《2002年电子商务与发展报告》提供的数据，2002年世界电子商务交易额比2001年增长了73%，远程教育发展迅速。1995年，全美国只有28%的大学提供网上课程，到1998年猛增到60%。据统计，60%以上的企业通过网络方式进行员工的培训和继续教育，世界文化娱乐产业发展强劲。根据Wipro的研究和估计，2001年底全球地面数字电视观众达到4000万，有线数字电视用户达到3亿，数字地面广播的覆盖率在英国和瑞典达到人口的90%。美国娱乐业已成为年创利4800亿美元的庞大产业。

2007年3月，国务院正式出台了《关于加快发展服务业的若干意见》（国发〔2007〕7号），明确指出"十一五"时期服务业发展的主要目标是：到2010年，服务业增加值占国内生产总值的比重比2005年提高3个百分点，服务业从业人员占全社会从业人员比重比2005年提高4个百分点，服务贸易总额达到4000亿美元；有条件的大中城市形成以服务经济为主的产业结构，服务业增加值增长速度超过国内生产总值和第二产业增长速度，同时提出了优化服务业发展结构、科学调整服务业发展布局、积极发展农村服务业和提高服务业对外开放水平等发展服务业的四项任务。

在此背景下，2008年3月，国务院办公厅又出台了《关于加快发展服务业若干政策措施的实施意见》（国办发〔2008〕11号），从政策的角度提出了诸多促进服务业发展的具体措施，发展服务业及其相关问题已经成为"十一五"时期和今后国民经济发展值得关注的重要方面。从上可以看出，我国政府为服务业的发展提供了良好的发展环境。

第二节 体育服务业的概述

一、体育服务业的概念

体育服务业就是通过市场的供求关系不断地自我调节资源配置，以体育运动技能及健身与娱乐功能为载体的服务性行业。根据体育服务业提供服务的内容和最终顾客群得到的服务，可以将其分为竞赛表演业、娱乐健身业、体育培训业、体育经纪业和体育信息业等，它们提供的产品分别为观赏性服务、参与性服务、体育知识技能、体育中介服务产品以及体育信息产品。如表2-1所示。

表2-1 体育服务业提供的产品及服务对象

体育服务业	提供的产品	体育服务对象
竞赛表演业	观赏性服务 赞助商服务 媒体内容服务	最终顾客群
娱乐健身业	参与性服务	
体育培训业	体育知识技能	
体育经纪业	体育中介服务产品	
体育信息业	体育信息产品	

二、体育服务业运营特征

贝瑞和普拉苏拉曼（1991）认为，在产品的核心利益来源中，有形的成分比无形的成分要多，那么这个产品就可以看作是一种"商品"（指有形产品）；如果无形的成分比有形的成分要多，那么这个产品就可以看作是一种"服务"。现实经济生活中的服务可以分为两大类：一种是服务产品，产品为顾客创造和提供的核心利益主要来自无形的服务；另一种是功能服务，产品的核心利益主要来自形成的成分，无形的服务只是满足顾客的非主要需求。

体育服务业的运营特征具有服务运营的所有特征，具体为：

（一）服务的无形性、不可感知性

服务的无形性是指服务在被购买之前是看不见、尝不到、抓不着、听不到也闻不出的。服务的不可感知性是指顾客在购买服务之前，往往不能肯定能得到什么样的服务。因为大多数服务都非常抽象，很难描述。顾客在接受服务后通常也很难察觉或立即感受到服务的利益，也难以对服务的质量作出客观的评价。如一个方案、一个思路等。

当然，服务的不可感知性也不是绝对的。在现实生活中，大多数产品或服务都具有某种无形或有形的特点。如观看一场激烈的 NBA 比赛之后，可能什么也没有留下，但是在人的记忆中却留下了深刻的回忆，看着一张自己在现场拍摄下来的照片，得到了精神层面的东西。而这其中的照片就成了有形的产品。再如购买体育装备用品需要交通运输手段将产品送到顾客手中，这一运输过程本身就是一种服务。还有在餐饮业的服务中，不仅有厨师的烹饪过程，还有菜肴的物质加工过程，这其中的菜肴就是有形的产品。

另外，随着企业服务水平的日益提高，很多产品是与附加的服务一块出售的。在多数情况下，顾客之所以购买某些有形产品如户外运动装备、高尔夫球杆、网球拍、汽车等，是因为它们是一些有效载体。对顾客来说，更重要的是这些载体所承载的服务或效用。

（二）服务的易消逝性、即时性、不可存储性

有形产品可以利用库存或生产量的调节加以储存，而服务却不能贮存或运输。如比赛场的空余座位将随着比赛的结束而消逝，无法逆转，不可能储存，服务的提供与消费同时进行。但是并不是所有的服务产品都与有形产品不同，如体育信息服务产品就不具备这一特征。

（三）服务的差异性

服务的差异性是指容易导致顾客对企业及其提供的服务产生的"形象混淆"。对于同一个企业，透过两家连锁的体育健身俱乐部所提供的服务，可能出现一个健身俱乐部的服务水平明显优于另一个健身俱乐部的情形。通过健身俱乐部消费的顾客会认为该企业的服务质量很好，而通过另一分支机构消费的顾客则可能认为整个企业的服务都质量低劣。这种"企业形象"和"服务产品形象"的混淆将对服务产品的推广产生严重的负面影响。

（四）服务不具有实体性

有形产品可以在一地或多地生产，然后运送到中间商或最终用户所在地进行销售，而大多数服务却不能这样做。对这些服务来说，要么顾客必到生产设施所在地，要么生产设施必须运到顾客所在地。体育服务更多的是通过顾客的反应和商家的宣传和自我服务介绍。如娱乐健身业就存在这样一种情况。

上述体育产品制造业运营与体育服务业运营的区别，如表2-2所示。

表2-2　体育产品制造业运营与体育服务业运营的区别

比较项目	制造业运营	服务业运营
产出本身	产品有形、可触摸、具有耐久性	产品无形、不可触摸、不具有实体性、不耐久
产出的储存性	产出可储存性	产出不可储存
顾客的参与程度	顾客与生产系统接触较少	顾客与生产系统接触频繁
产业性质	资本密集型的企业	劳动密集型企业
前场服务比例	低	高
规模经济的实现	增加批量	连锁经营
质量的度量	易于度量	难以度量
服务区域	可服务于地区、全国和国际市场	主要服务于有限区域范围
设施规模	设施规模大	设施规模小
效应顾客周期	长	短

由于服务业与制造业有很多差别，使得服务业运营管理具有更强的特殊性。每个企业都需要从事服务性的业务，即需要服务运营。制造业企业中同样需要服务运营，它可能发生在运营部门，企业的内部顾客。

三、体育服务产品构成

美国的詹姆斯·A·菲茨西蒙斯等人1998年提出，认为服务包是关于服务的性质，甚至某一行业具体服务也是由支持性设施在内的辅助物品实现的显性和隐性利益构成的"包"（servicepackage）。

通常，一个完整的体育服务产品（也叫"服务包"）包含四个要素：支持性设施、辅助物品、显性服务和隐形服务。

体育服务包是指在某种环境下提供的一系列体育及体育相关产品和服务的组合。支持性设施是指提供体育服务前必须到位的物质资源。如高尔夫球场、滑雪场等。

辅助物品是指顾客购买和消费的体育产品，或是顾客自备的体育产品。如高尔夫球杆、滑雪板、网球拍、游泳衣等。

显性服务是指顾客可以用感官觉察到的和构成体育服务基本或本质特性的利益。如美丽的高尔夫球场、训练有素的高尔夫球童、健身后的健康体质和饱满的精神。

隐性服务是指顾客能模糊感到服务带来的精神上的收获或服务的非本质特征。如高尔夫（皇家）俱乐部或马术俱乐部会员的地位象征、观赛后的体验等。

因此，体育服务型企业可以通过突出不同的服务要素比重来获得不同的经营特色和服务类型。如我们可以按照辅助物品的重要程度来划分服务包，有纯服务和混合型服务。体育健身俱乐部或体育赛事管理公司、体育场馆都是属于混合型服务，只是体育场馆需要更多的辅助物品。

【复习思考题】

1. 试分析体育服务业的发展历程。
2. 试阐述体育服务业发展现状与存在的问题。
3. 举例说明体育健身俱乐部的经营现状与存在的问题。
4. 试阐述体育服务的概念。
5. 结合实例，试分析体育服务业提供的产品及服务对象。
6. 结合实例说明体育服务业运营特征。
7. 试分析体育产品制造业运营与体育服务运营的区别。
8. 结合实例，阐述体育服务产品的构成。

【案例分析】

美国国家篮球联盟

NBA是美国国家篮球联盟（National Basketball Association）的缩写。NBA作为国际品牌，年收入超过40亿美元，成为世界上最赚钱的赛事。NBA的成功可以说是斯特恩把NBA从衰败推向顶峰的：通过制定NBA良性运营的规章制度，向媒体介绍转播，向球迷宣传球星，向世界推广品牌。

1989年，NBA主席大卫·斯特恩首次来中国，并与央视洽谈转播NBA比赛，当时国内几乎无人知道什么是NBA。斯特恩跟央视解释了半天，希望央视能转播NBA比赛，并承诺在中国转播不收取任何费用。1998年以前，NBA基本上是给中国免费赠送节目内容和信号，每周寄一盘赛事集锦到北京，NBA官方自掏腰包请央视的转播小组现场直播明星赛和总决赛。这种持续了近10年的"赔本"买卖，在中国培育了很多NBA球迷，为NBA以后在中国发展打下了坚实的基础。

从1946年创建，NBA联盟起初是一个商业机构。NBA联赛经营体制由"俱乐部（Club）"和"联盟（Association）"双重构成。联盟制定出一整套联赛组织管理制度，将联赛和俱乐部的权利关系有效分离。俱乐部是联盟的主人，联赛的公共事务由联盟处理，联盟不干预俱乐部的事务。联盟给各俱乐部的收益是一样的，这平衡了经营好的和经营差的俱乐部间的收益。俱乐部的经营范围包括球票销售（常规赛上缴联盟6%、季后赛税后上缴45%）、场内广告（联盟规定广告位置和数量）、球衣广告（联盟规定位置和大小）、球衣等纪念品的销售。联盟从转播费、联盟标志产品销售、联盟衍生产品开发（网络游戏、服装、玩具、食品、儿童用品，甚至餐厅和大巴）、全球推广活动等获得营收。联盟收入的51%用于返还给各俱乐部支付球员工资，另有一个固定比例用于联盟费用支出。

NBA的篮球遍及亚洲、欧洲、非洲和南美洲四大洲。NBA在全世界有10余个分公司：欧洲分公司（日内瓦）、拉丁美洲分公司（美国迈阿密）、澳大利亚分公司（墨尔本）、亚洲分公司（香港）等。此外，在日本和伦敦设有办事处。它让更多的球迷亲身体验NBA的同时，不断地扩大其全球电视转播网络。据NBA官方网站资料统计，NBA比赛通过43种语言，传播到215个不同的国家和地区。NBA在中国已经进入扩张期，成立了NBA中国公司，管理中国事务，以篮球赛作为核心，计划在中国12座城市建造NBA场馆，并将NBA的品牌和产品拓展到中国的二三级城市乃至农村，还与各地方电视台合作，制作一款针对当地球迷的电视节目"NBA制造"。

NBA将球员变成明星，让其成为NBA的形象大使。让受众自愿付费买球星代言的产品。同时不断引进国外球员，增加看点，如姚明使NBA在中国的影响力剧增。超级巨星的影响还带来球队其他相关产品的销售。NBA建立了NBA有线电视、NBA网站、NBA城、NBA商店、NBA流动大巴等娱乐项目。

资料来源：《南方都市报》资料整理 2007

讨论问题：通过案例说明NBA的发展对中国体育服务行业有哪些启示。

第三章

运营战略

【本章提要】

本章在分析企业战略概念与企业战略层次的基础上，主要阐述了运营战略的概念、特点、分析方法、战略类型及其制定步骤，以便为组织在激烈的市场竞争中形成自身的竞争优势，提升其核心竞争力。

【名词解释】

1.企业战略。是企业面对激烈的市场竞争环境，为求得生存和发展而做出的总体性、长远性的谋划。

2.运营战略。是指组织在激烈的市场竞争环境中，根据企业的总体战略、资源状况、目标市场、产品和服务特点，确定出一系列运营决策、规划、内容和程序。

【引导案例】

我国冰雪运动呈现积极发展潜力

据国家统计局的"带动三亿人参与冰雪运动"统计调查获悉，自北京冬奥会申办成功至2021年10月，全国居民参与过冰雪运动的人数为3.46亿人，冰雪运动参与率24.56%，实现了带动3亿人参与冰雪运动的目标。我国大众冰雪运动得到普及发展，其中"全国大众冰雪季"从2014年起已连续举办7届，从最初的10个省份参与发展到覆盖31个省份，参与人员由2014年1000万人次上升至近亿人次，成为激发大众参与冰雪运动的重要平台。截至2020年，我国拥有835所奥林匹克教育示范学校，全国冰雪特色校2062所。我国以冬奥备战为牵引，坚持固强补弱，优化冰雪运动竞技项目布局，推动专业运动队建设，强化后备人才培养，取得初步成效。国家队实现全项目建队，截至2018年年底，组建31支国家集训队，覆盖北京冬奥会全部109个小项，运动员和教练团队有近4000人，较平昌冬奥会周期同比增幅约7倍。

竞技人才梯队建设成效显著，参加全国性冰雪运动比赛注册运动员人数实现翻番，从2015年的5111名增长到2020年的11398名。国内冰雪运动竞技水平显著提升，国家队所获奖牌总数已由2015年的42枚增至2019年的69枚。全国专业性冰雪运动赛事从2015-2016赛季的45项增长至2018-2019赛季的77项。2021年年初，全国拥有654块标准冰场，较2015年增幅达317%；803个室内外各类滑雪场，较2015年增幅达41%。我国各类冰雪人才队伍建设成果丰硕：全国冰上运动项目国家级裁判员从64名增至357名，国际级裁判员数量从6名增至106名；雪上运动项目裁判员数量从108名增至523名，国际级裁判员数量从18名增至25名。群众性冰雪运动组织大幅增加，截至2021年12月，我国正式注册的各级冰雪运动社会组织共有792个，其中国家级协会8个、省级协会32个、其他冰雪运动社会组织752个，是2015年冰雪运动社会数量的2.89倍。我国冰雪运动普及与推广不断深入，并呈现出积极的发展活力和潜力。

资料来源：北京冬奥会和冬残奥会体育遗产报告资料整理 2022

第一节　企业战略与运营战略

一、企业战略概念与层次

（一）企业战略

企业战略是企业面对激烈的市场竞争环境，为求得生存和发展而做出的总体性、长远性的谋划。企业战略的实施是寻求企业的不断变化和创新，创造性地开展经营与管理，以适应当前和未来的发展环境，使企业获得生存与持续发展。

（二）企业战略的层次

企业战略包括企业的使命（宗旨）、目标、公司总体战略、事业层战略（又称"经营战略"或"业务战略"）和职能战略。如图3-1所示。如果企业的规模较小，企业战略只包括经营战略和职能战略。

1.使命

使命是企业存在的原因及说明企业是从事什么的。如耐克的市场是给世界每位运动员带来灵感和创新。

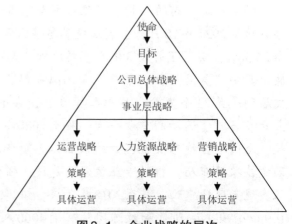

图3-1　企业战略的层次

2.企业总体战略

企业总体战略决定了一个企业的生存和发展，它是从全局角度出发，为公司的发展提供了战略方向。公司总体战略主要包括企业总体发展目标、方针与政策。公司的总体战略是由企业的使命确定出总体战略目标和长期发展规划。公司的总体战略主要考虑进入哪些事业领域，使组织能够获得长期利益，并以何种方式进入该领域。通常，公司的总体战略采用多元化战略、垂直一体化战略、并购与重组战略和战略联盟等。

3.事业层战略

事业层战略是指企业的总体战略方向和思路的具体化、明确化和细致化。事业层战略主要包括企业的各事业单位在同行业竞争中获得的竞争优势，它指出在特定事业中如何去竞争。一般来讲，事业层战略常采用迈克尔·波特战略，即成本领先战略、差异化战略、集中性战略、快速顾客反应战略。

4.职能战略

职能战略是指在事业层战略指导下，如何从职能上改进，以达成高效率、高品质、创新和快速顾客反应，以实现战略目标。职能战略主要包括企业各职能领域或部门执行战略，它是为企业总体战略和事业层战略服务的，如运营战略、人力资源战略和营销战略等。它是将事业部战略转为具体战略目标，便于实施和操作。职能战略具体包括运营战略、营销战略、人力资源战略、研究与开发战略等。

5.策略

策略是完成战略的具体方法和措施。策略为实际运营的实施提供了指导的方向。

企业的总体战略、事业层战略和职能战略之间必须保持一致性，并形成严谨的目标体系，即从总目标到中间目标，再到具体目标。如图3-2所示。

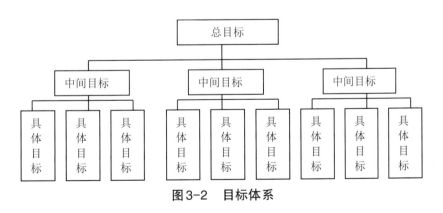

图3-2　目标体系

二、运营战略的概念与特点

（一）运营战略的概念

运营战略是指组织在激烈的市场竞争环境中，根据企业的总体战略、资源状况、目标市场、产品和服务特点，确定出一系列运营决策、规划、内容和程序。即运营战略是一个组织将如何实施选择的战略。如组织的目标是以低成本占领市场，那么采用流水线装配就是通过运营来实现这种组织目标的。

（二）运营战略的特点

运营战略具有目标性、统一性和可操作性三个方面的特点。

1.目标性

运营战略的目标性是指组织的运营战略是以提高企业的竞争优势为目标。通过对体育产品和服务的细化使体育产品和服务具有差异性，形成一定的竞争优势，为体育产品生产和服务企业的长期发展奠定坚实的基础。

2.统一性

运营战略的统一性是指体育产品生产和服务企业的运营系统与企业的发展战略相一致，以保证组织的整体运营系统的目标和优先等级。

3.可操作性

可操作性是指体育产品生产和服务企业的运营战略的可实施性，便于员工理解和操作。

三、运营战略的分析方法

运营战略的分析方法是采用价值链分析方法。价值链是由美国战略管理学家迈克尔·波特（Michael E.Porter）提出来的，他是美国哈佛大学商学院著名教授。迈克尔·波特的价值链理论认为：企业的任务是创造价值。企业在产品设计、生产、销

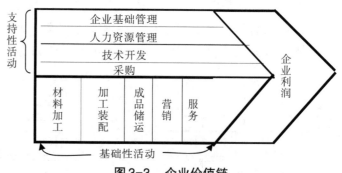

图3-3　企业价值链

售和运送过程中的种种活动可以用一个价值链来表明。这些活动可以分为基本性活动和辅助性活动两个方面。基本性活动包括内部后勤、生产作业、外部后勤、市场和销售、服务等；辅助性活动则包括采购、技术开发、人力资源管理和企业基础设施等。这两个方面的活动构成了价值链。价值链上下游关联的企业与企业之间存在行业价值链，企业内部各业务单元的联系构成了企业的价值链，价值链上的每一项价值活动都影响着企业的最终价值，企业与企业的竞争是整个价值链的竞争。如图3-3所示。

从图3-3中可以看出，企业的生产经营活动分为两个方面：一方面是企业生产

经营的基本活动，表现在生产的各个经营环节；另一方面是企业生产经营的支持活动，表现在企业管理的各个环节。支持活动为企业正常生产经营的基本活动提供管理支持和运营保障。基本活动和支持活动这两个方面的活动构成了企业的价值链管理系统。在企业价值链的运行活动中，价值来源于价值链的某些特定环节，并不是价值链上的所有环节都能产生价值。若企业抓住了这个关键环节，就能够提高价值，形成企业的竞争优势。

四、运营战略类型

（一）运营战略的总体战略

通常，运营战略的总体战略可分为以下五种常用的战略。

1.自制还是外购

如果自制，则需要建设相应的设施、购买相应的设备、配备合适的人员；如果选择外购，则需要设立一个供销公司。通常，组织会两种方法同时使用。

2.大批量、低成本

企业通过大批量地购置生产设施设备来进行标准化产品的生产，这种方式可以成功地实现低成本战略。

3.小批量、多品种

为适应市场需求的不断变化，企业采取小批量和多品种的生产或提供服务方式来满足消费者的个性化需求。

4.高质量

企业通过提高产品或服务的质量水平来拓展市场的战略。

5.混合战略

企业通过对上述战略的有机组合来形成企业独有的竞争优势，以使企业获得持续竞争力。

（二）产品或服务的选择、开发与设计战略

1.产品或服务的选择

产品或服务的选择就是确定企业向市场提供的产品或服务，这里主要考虑三个方面的问题：一是企业的新产品对市场需求的影响程度；二是企业的新产品的技术可行性；三是企业的资金条件。

2.产品或服务的开发

企业对产品或服务的开发和设计是指企业确定产品的功能、规格、型号和工艺等。

3.产品或服务开发与设计战略

产品或服务的开发和设计战略主要有四种：

第一种是领导者或跟随者。通常领导者具有技术竞争优势，投入力度相对较大、承担的风险较大；跟随者投入力度较小，主要采取模仿新产品或新服务策略。

第二种是独立设计或合作设计。组织独立设计需要较大的投入力度，承担的风险也较高，合作设计在一定程度上分担了经费和风险。

第三种是购买专利技术。组织直接购买专利技术在一定程度上节约了时间，减少了风险。

第四种是基础性研究或应用性研究。应用性研究往往是为解决当前的实际问题，其成果的实用性很强；基础性研究是对某个领域或现象进行的研究，其研究成果转化周期较长，但一旦成功转化将会对社会产生较大的应用价值。

（三）运营系统的设计战略

运营系统的设计战略主要包括选址、设施设备的合理布置和人力资源管理三个方面。这三个方面对组织的运营效率影响较大，组织在选址、设施设备的布置时需要综合各种因素进行评估选择，以降低组织的运营成本。同时利用绩效与报酬挂钩的方法来激发员工工作的积极性，提高员工工作效率。

第二节　运营战略的制定

运营战略的制定主要分为六个阶段，即运营战略环境分析、运营战略的目标与实现方式、产品或服务的选择、开发与设计战略与决策、运营系统的设计战略、运营战略的执行与评价。

一、运营战略环境分析

（一）SWOT评估法

组织高层管理者要想制定有效战略，必须对企业的宏观微观环境进行分析。通常，企业制定运营战略采用SWOT评估法。

SWOT评估法是分析和评价企业市场环境的方法，其中，S代表企业优势（strengths），W代表企业劣势（weaknesses），O代表企业机会（opportunities），T代表企业威胁（threats）。在分析企业状况时，先将影响组织的各种宏观因素和微观因素一一列出，并评价这些因素是企业的优势还是劣势，是威胁还是机会，然后，将那些对企业影响程度不同的因素赋予不同的加权值，计算该企业所处的环境状况。机会和威胁是组织的外在条件，优势和劣势是组织的内在条件。按此法可以把企业分为四类。如表3-1所示。

表 3-1　SWOT 评估法

内部能力 外部因素	S:优势	W:劣势
O:机会	优势——机会(SO)战略	弱点——机会(WO)战略
T:威胁	优势——威胁(ST)战略	弱点——威胁(WT)战略

SWOT 分析有四种不同类型的组合：

优势——机会（SO）战略是一种发展企业内部优势与利用外部机会的战略，是一种理想的战略模式。企业在某方面具有的特定优势，而外部环境又为发挥这种优势提供了有利的时机，可采取此战略。

优势——威胁（ST）战略是指企业利用自身优势，回避或减轻外部威胁所造成的影响。

弱点——机会（WO）战略是利用外部机会来弥补内部弱点，使企业改劣势而获取优势的战略。存在外部机会，但由于企业存在一些内部弱点而妨碍其利用机会，可采取措施先克服这些弱点。

弱点——威胁（WT）战略是一种旨在减少内部弱点，回避外部环境威胁的防御性技术。

（二）企业的宏观环境因素

企业的宏观环境包括政治、经济、技术、社会文化等因素。具体为：

1.政治状况是指国民经济的整体运行态势。

2.经济和产业状况是指政局的稳定性、对组织经营的利弊因素，它将影响运营战略中的产品决策和生产组织方式的选择。

3.法律环境是指政府的规章制度、贸易限制、《产品责任法》《中华人民共和国劳动法》（含最低工资标准）、《中华人民共和国反垄断法》等。

4.技术状况包括目前及将来的工艺（设备、材料加工）及设计技术、产品更新的速度。

5.竞争状况包括竞争对手的数量、实力，进入市场的难易程度，竞争对手的产品价格、质量和特色等。

6.市场需求状况包括顾客的消费水平、消费层次、消费观念、经济周期、市场容量等，它将影响新产品开发、生产能力的扩张等。

（三）企业的微观环境因素

企业的微观环境包括人力资源、设施设备、资金、顾客、产品和服务特征、技术状况和供应商状况。

1.人力资源包括管理者与员工的技能、忠诚度等。

2.设施设备包括生产能力、设施设备的布置、设施设备的成本等。

3.资金来源包括现金流量、资金筹措、成本和债务等状况。

4.顾客包括组织与顾客的关系的密切程度。

5.产品和服务特征包括现有产品和服务以及适时投放新产品和新服务，不同的产品采用不同的运营战略。如普通产品采用大规模生产的运营战略，高科技产品、创新型产品采用柔性运营战略；不同的产品生命周期采用不同的运营战略。一般来讲，产品导入期的运营战略是试制新产品，产品成长期的运营战略是增加生产能力，产品成熟期的运营战略是平稳生产，产品衰退期的运营战略是控制成本。

6.技术状况包括现有技术和新技术。

7.供应商状况是指与供应商的工资、供货的质量、组织柔性等。

二、运营战略竞争要素

（一）基于成本竞争的运营战略

基于成本竞争的运营战略是指企业以降低成本为目标，通过运营系统的规模经济、设计和生产的标准化、供应链的利用等，使体育产品的生产或提供服务成本远低于竞争对手的同类产品或服务，获得价格竞争优势。

（二）基于质量竞争的运营战略

基于质量竞争的运营战略是指体育产品生产或服务企业以保持、改进或提高其产品或服务的质量为中心，通过制定质量目标与计划、建立质量管理体系和实施质量管理控制等活动，提高顾客的满意度，获得持续的质量竞争优势。

（三）基于柔性竞争的运营战略

基于柔性竞争的运营战略是指组织响应外部变化的能力，即反应能力。它是指体育产品生产或服务企业以构建系统的柔性能力为中心，通过产品生产和服务组合的改变、工艺柔性、物资供应的柔性及组织结构的柔性来应对不断变化的市场需求，以获得组织的柔性竞争优势。

（四）基于时间竞争的运营战略

基于时间竞争的运营战略是指体育产品生产或服务企业以快速为顾客交货为目标，通过采用供应链管理、快速顾客响应、快速研发和快速制造等方法，缩短体育产品或服务的研发周期，以获得时间竞争优势。

（五）基于服务竞争的运营战略

服务可以是顾客看成价值增值的售后行为。它包括商品的支付、安装、技术支持等。基于服务竞争的运营战略是指体育产品生产或服务企业以其商业信誉来培养顾客的忠诚度为目标，通过采用快速响应、大量定制提供优质产品或服务来满足不同顾客的差异化需求，以获得服务竞争优势。

（六）基于环保竞争的运营战略

基于环保竞争的运营战略是指体育产品生产或提供服务企业的运营战略以环保意识为前提进行产品的生产或提供服务，通过采取绿色供应链管理、绿色生产制造等方式，以获得环保竞争优势。

三、运营战略的目标与实现方式

（一）基于成本竞争的运营战略

成本领先是指组织需要建设高效规模的设施，通过成本与管理费用的控制，以及最大限度地减小研究开发、服务、推销、广告等方面的成本费用，以实现降低成本的目标。为实现这些目标，组织要高度重视成本控制。在保证质量、服务的前提下努力使成本低于竞争对手，这样，当其他公司在竞争过程中已没有利润空间时，本公司依然可以获利。成本领先战略需要组织具备较高的相对市场份额或其他优势，如产品的设计易于制造生产、组织与原料供应商形成供应链战略伙伴关系等。对于产品生产企业的基于成本竞争的运营战略主要是采用大量生产方式、成组生产方式和库存控制方法等；而对于服务性企业则是主要采用大众化、无差异地提供服务的方式实现。

1.大量生产方式

大量生产是指产品生产随着规模的增加而使单位成本降低。这是基于成本竞争的产物，但随着人们需求的多样化，这种生产方式生产出来的产品品种少、批量大、适应能力较差。

2.成组生产方式

成组生产是一种以产品生产相似性原理为基础组织生产过程的方法。这种生产方式可以简化生产技术准备工作，简化设计、工艺、品种，扩大同类零件批量，生产出多品种中小批量的产品，提高生产效率，缩短加工工期，降低生产成本。

3.库存控制

库存控制是指以经济合理的库存水平满足组织正常的生产经营。由于有效控制库存水平，可以有效降低货物仓储成本和运输成本等，实现低成本战略目标。

（二）基于质量竞争的运营战略

基于质量竞争的运营战略常采用全面质量管理、精细化生产等方式。

1.全面质量管理

全面质量管理是指组织以质量为中心，以全员参与为基础，运用科学的管理技术成果，用最经济的办法开发、生产顾客满意的产品和服务。

2.精细化生产

精细化生产是指组织在有效配置和使用组织各类资源的基础上，运用多种现代化管理方法与手段，以谋求最大经济效益的生产方式。

（三）基于柔性竞争的运营战略

基于柔性竞争的运营战略包括产量的柔性和顾客化产品与服务。

1.产量的柔性

产量的柔性是指组织对需求增减变化的反应能力。

2.顾客化产品与服务

顾客化产品与服务是指组织根据顾客的差异性需求来调整设计运营方案。

（四）基于时间竞争的运营战略

基于时间竞争的运营战略主要包括三个方面：快速开发新产品、按时交货和快速交货。

1.快速开发新产品

快速开发新产品是指缩短新产品从构思到生产出来所需要的时间。

2.按时交货

按时交货是指按照顾客要求的时间交货。

3.快速交货

快速交货是指缩短从接到订单到交货的时间。

供应链是围绕核心企业，通过对信息流、物流、资金流的控制，形成由原材料供应商、制造商、分销商、零售商和运输商等组成的价值增值链。供应链管理是通过优化供应链节点上企业的组合，实现优势互补、统一管理，加快对顾客的反应速度，提高顾客的满意度的一种集成化管理方法。

（五）基于服务竞争的运营战略

基于服务竞争的运营战略包括无差异、差别化和集中化战略。

1.无差异策略

无差异策略是指组织提供给顾客的服务是没有差别的。这种方式可以实现规模经济，有效降低成本。但由于这种方式不能满足不同顾客的需求会导致顾客不满。

因而采用差别化或集中化策略来满足不同顾客的需求，组织针对不同的顾客实行不同的运营战略。

2.差别化战略

差别化战略是将产品或公司提供的服务差别化。实现差别化战略可以有许多方式：形象设计、技术优势、性能特点、顾客服务、商业网络等方面的独特性。最理想的情况是公司在几个方面都有其差别化特点。但差别化战略是伴随着高的成本付出，这种付出并不是所有顾客都愿意或有能力支付的。差别化战略具体包括：一是使产品或服务有形化，如购买体育赛事门票馈赠小纪念品以增加顾客的记忆；二是提供定制化服务，健身俱乐部为顾客免费赠送的水杯并在上面印有顾客本人的艺术照片或为顾客提供私人教练及提供免费骨龄测试等。

3.集中化战略

集中化战略是组织通过满足特殊顾客群的需要而实现了差别化。如高尔夫健身俱乐部、健身俱乐部针对青少年开展的课程培训班，或高尔夫球运动针对女性开展的运营战略；健身俱乐部针对会员增加网络信息平台，以加强组织与顾客之间的沟通和交流，提高顾客对组织的忠诚度和组织的商业声誉等。这种战略可以使组织赢利的潜力超过产业的普遍水平，抵御了各种竞争力量的威胁。但集中化战略常限制了获取整体市场份额，并包含着利润率与销售额之间互为代价的关系。

（六）基于环保竞争的运营战略

基于环保竞争的运营战略通常采用绿色供应链管理、绿色制造等方式。

1.绿色制造

绿色制造是指在保证产品功能、质量和成本的基础上，系统考虑产品的设计与开发、制造、包装、运输、仓储过程中的废物控制和处理及其对环境的影响，以实现组织的社会效益、经济效益和环境效益最佳化，保证组织的可持续性发展。

2.绿色供应链

绿色供应链是指以绿色制造和供应链管理理论为基础，对供应链节点上的企业统一管理，以保证产品从物料获取到交付顾客的整个过程对环境的影响最小，资源使用效率最大。

【复习思考题】

1.试阐述企业战略的概念与层次。

2.试阐述运营战略的概念与特点。

3.试阐述运营战略的分析方法。

4.试分析运营战略类型。

5.试分析运营战略的制定步骤及其具体内容。

6.结合实例，试分析运营战略的竞争要素。

7.结合实例，阐述运营战略的目标与实现方式。

8.结合实例，试阐述顾客期望价值，分析其战略使命、战略竞争优势及赢得顾客的思路与方法。

【案例分析】

耐克公司致力于在中国长远发展和持久投入

第四届中国国际进口博览会是耐克公司第二次参展。耐克公司展台精选了过去40年来最具代表性的40个瞬间，展示耐克公司将与中国体育事业共同成长的精彩。耐克公司将以1981年进入中国时生产的首批球鞋配色为灵感，向全球首发"耐克"系列鞋服产品，以致敬耐克公司进入中国市场40年的发展历程。1964年耐克公司前身蓝绶带制鞋公司成立。1972年蓝绶带公司正式更名为耐克。耐克公司的创始人首席执行官菲尔·奈特（Phil Knight）挖掘出高档优质跑鞋市场的潜力。20世纪70年代，耐克公司逐渐将生产线扩展至人力成本较低的东亚。80年代中，耐克公司年营业额近40亿美元，在美国国内占有超过50%的运动鞋业市场份额。耐克公司在1986—1996年连续10年排在《财富》杂志评出的全美1000家公司的前10位。

耐克公司创始人、传奇人物菲尔·奈特最大的贡献是在20世纪80年代推行"轻资产运营模式"，现已成为全球体育用品行业的主流模式，并成为许多体育用品企业学习与效仿的对象。"轻资产运营模式"即是"虚拟经营模式"，它是将产品的制造和零售分销业务进行外包，集中公司的资本力量与产品及其概念设计和市场营销等业务，采用明星代言和创意广告等方式，减少公司资本注入，特别是生产线上大量固定资产的资金投入，以获取高资本回报率的模式。借助"轻资产运营模式"，耐克公司抓住了市场机会，改变了体育用品市场的传统商业运营模式，整合了产业链两端。同时，耐克公司拥有优质高效的研发团队和核心产品技术。耐克运动鞋的开发充分体现了耐克在产品研发与创新端的投入成效。自1979年第一双耐克气垫跑鞋推出以来，拥有缓震、轻质等特点的气垫运动鞋受到消费者欢迎，耐克将最新科技运用于运动鞋之上，成为运动鞋行业市场的领导者。耐克公司通过加大产品研发与创新经费投入，重视产业链的战略环节，采取精准的市场营销定位策略等取得巨大成功。自2017年开始，耐克公司调整战略，采取绕过中间商，直接与消费者进行沟通的销售模式。耐克公司经过了直面用户进攻计划、三个双倍策略和直面消费者加速计划等一系列战略变革，助力其持续发展。直接面向消费者的核心在于通过关注和收集有关顾客的消费行为和需求偏好数据，为其有针对性地提供更好的产品与服务，也是公司直接参与运营的销售渠道，包括线下直营和电商与消费者互动的方式，为满足消费者需求而采取的运营模式变革等概念。

资料来源：《经济观察报》2021

讨论问题：结合案例分析耐克公司运营战略及其启示。

第四章

流程管理

【本章提要】

本章主要解释了流程及流程管理的基本概念和核心问题，描述了组织的运营流程图的绘制方法与步骤，阐述了如何进行体育产品生产流程的选择与战略抉择，分析了体育服务流程的设计与管理方法，提高了体育组织应对外部市场环境的能力。

【名词解释】

1.流程。流程是任何一种或一系列活动，它选择各种投入要素，包括能源、物料、资金、人员、技术、信息等，并向这些投入中转移或增加价值，进而产生顾客所期望的产品、服务或某种决策结果。

2.流程管理。流程管理是一种以规范化地构造从一端到另一端的业务流程为中心，以持续地提高组织业务绩效为目的的系统化管理方法。

【引导案例】

安踏公司的垂直整合业务模式

1991年安踏鞋厂成立，作为一个普通家庭工厂。1993年开始，以安踏为代表的陈埭运动鞋生产企业开始为跨国公司OEM生产运动鞋。海外订单让众多晋江运动鞋生产企业完成了原始资本积累。与众多晋江制鞋企业不同的是，安踏公司不仅承接海外订单，还关注国内市场，致力于开拓国内市场分销渠道。1997年安踏公司开始VI系统建设，规范商标识别的使用，实施品牌战略。1999年安踏与中国国家乒乓球队签订协议，聘请世界冠军孔令辉出任安踏品牌形象代言人，推出品牌口号为"我选择，我喜欢"。安踏公司迅速赢得市场较高认知度。2001年，北京安踏东方体育用品公司成立，实施产品多元化与品牌国际化的新发展战略。公司从单一运动鞋向综合体育用品生产与销售过渡，涉足运动服装、配件等服饰系列产品领域，在北京第一家安踏体育用品专卖店利生体育用品商店开业，安踏专卖体系正式全面启动。

根据中国商业联合会和中华全国商业信息中心统计，安踏运动鞋在2001年国内市场综合占有率已升至第一位。2004年安踏公司全面实施海外推广战略，相继在新加坡、希腊、匈牙利等国家或地区开设安踏专卖店，在捷克、乌克兰结交合作伙伴，拓展欧洲市场。2005年公司总部安踏运动科学实验室成立，设备投资2000万元，拥有近50位研究人员，专门从事篮球、跑鞋等专业运动设备的研发。2006年安踏公司推出全新品牌口号：Keep Moving（永不止步）。在福建省晋江安踏公司拥有15条鞋类生产线，全年生产运动鞋890万双，各类体育用品收入达到12.5亿元。安踏公司采用垂直整合业务模式，即设计、开发、制造及营销运动服饰，包括为专业运动员及大众设计的"安踏"品牌运动鞋类及服装。在市场方面，安踏一直采取独立分销商策略，即安踏在全国各地设计分销商，各分销商自行或委聘第三方零售运营商管理零散于中国内地的授权安踏零售店铺网络。所有安踏零售店铺均以"安踏"品牌名称经营，商店格局一致，并只出售安踏产品。2006年年底，安踏拥有37家地区分销商，直接经营及间接管理共4108间授权安踏零售店铺。但全部分销商与安踏公司并无股权关系。经过多年的积累，安踏公司在体育用品设计、生产、营销、销售管理等方面，具备了丰富的经验，已向新的商业模式转型。综合来看，安踏通过深耕运动鞋服全价值链的"垂直整合业务模式"，并在"多品牌协同运营能力"上持续深化，已经构建了对其他头部品牌的壁垒。2022年上半年财报显示，安踏品牌增速居行业前列，不但多品牌增长强劲，其收入体量上也具备相当优势。安踏集团实现收益近260亿元，同比增长13.8%，超越耐克，首次问鼎中国体育运动用品市场。

资料来源：中国日报网资料整理 2022

第一节 流程管理的概述

流程管理在体育组织中扮演着越来越重要的角色，流程管理渗透了组织管理的每一个环节，任何一项业务战略的实施都有其相应操作流程。传统组织结构和环节复杂的业务流程已无法应对新的业务挑战。在当前的流程管理实践中，多数体育生产和服务企业只是重视业务流程设计，但轻视业务流程管理，企业虽然制定了详细的流程管理内容，却没有执行，导致流程管理流于形式或是企业流程管理规范与实际脱节，缺乏对流程管理进行的分层和分级管理，导致企业无法提高自身的应变能力和适应能力，为此，组织亟待对流程进行系统描述、绘制和管理。

一、流程的概念

目前，理论学界关于流程的定义有多种解释。根据《牛津词典》里的解释，流程是指一组或一系列连续有规律的行动，这些行动以确定的方式发生或执行，导致特定结果的实现。根据国际标准化组织在ISO9001:2000质量管理体系标准中给出的定义是："流程是一组将输入转化为输出的相互关联或相互作用的活动。"可见，流程是一个输入转变为输出的全过程，流程对输入的处理可能是转变、转换或仅仅是以原样输出的。

流程是任何一种或一系列活动，它选择各种投入要素，包括能源、物料、资金、人员、技术、信息等，并向这些投入中转移或增加价值，进而产生顾客所期望的产品、服务或某种决策结果。即流程是为顾客创造价值的过程（见图4-1）。

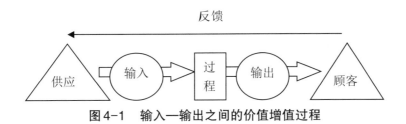

图4-1 输入—输出之间的价值增值过程

假设某人去某一体育用品商店购物，分析客户进入专卖店，到选择某一体育用品，再到付款离开的这一系列活动过程，就能够清楚地理解流程的内涵。这一过程中流程的起点是客户进店看商品，终点是客户带着商品和收据或发票离店。整个流程的主体是由客户和店内产品及店内员工（供应者）构成，他们一起合作完成了这一过程。

二、流程描述方法与绘制工作步骤

流程描述方法主要有文本法、表格法和图形法。为了得到对业务流程的直观印象，人们通常会采用图形法来表示流程（见图4-2）。流程图主要有助于管理者理解并记录组织的核心业务活动及其相关关键细节、明确完成流程所需要的步骤、把握流程中的关键决策点、明确与流程相关的文件资料、明确相关任务的负责人、实现流程的可视化管理和简化活动步骤等。

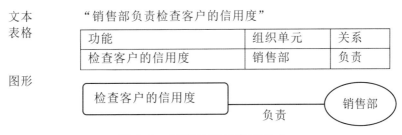

图4-2 流程的不同表示形式

流程绘制工作主要有三个步骤：制作流程目录、绘制流程图和编写说明文件。

第一，制作流程目录

流程目录是描述流程的层级关系。一般将流程分为三个层级：第一层是按照采购、研发、生产、销售、物流、人事、财务等企业活动的主辅价值链划分成采购流程、研发流程、生产流程等；第二层是按照企业的业务模块划分成供应商管理流程、订单管理流程、客户管理流程等；第三层是按照企业实现业务的任务划分成供应商开发流程、供应商评估流程、客户接待流程等。

通常流程目录由部门领导制定，界定出关键和核心的业务有哪些，确定出主要业务流程，并确定这些流程间的关系，明确出主要业务的流程目录。

第二，绘制流程图

流程图是对不同层次流程的逻辑表达，如顺序串联、并联，判断选择，循环反馈等，用来反映系统的结构信息和各子系统之间的关系。工作活动流程图是用来表明工作活动过程的顺序和内部联系的结构框架图；作业流程图是用来表明具体工作步骤及其操作细节的图表，采用表格与图形结合的形式；事务分析流程图是用来表示事务处理过程及其在这个过程中资料的流动方向的图表。绘制流程图主要是形成草图，经反复征求各方面的反馈意见，不断进行修改核实。流程图常用的符号标记有以下几种（见图4-3）。

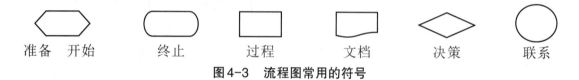

准备　开始　　　　终止　　　　过程　　　　文档　　　　决策　　　　联系

图4-3　流程图常用的符号

第三，编写说明文件

流程图可以直观、简洁、清晰地描述企业的业务流程，但所含信息不够详尽，无法指导员工日常的业务活动，需要对流程图编写相应的说明文件。说明文件包括：流程要素的说明，它是对流程中活动的说明补充；流程信息的补充，包括流程中每个活动使用的单据（输入），获得的结果（输出），活动的负责人、参与人、审批人，活动的时间要求，制度的配合等；流程活动的细化，需要对活动可能发生的例外事件及其处理进行说明，以指导流程活动。

流程目录、流程图、说明文件从不同的侧重点描述了企业的业务流程，三者的结合构成了完整、严谨、清晰、详尽的流程描述，从而能够更好地帮助企业明确现状、诊断问题，优化企业的价值创造活动。

三、业务流程

业务流程是为顾客或市场提供特定产品或服务而实施的一系列精心设计的活动。其实质是输入—输出之间的价值增值过程。

业务流程将不同职能部门联系起来以完成共同的任务为目标的活动序列。如新产品开发需要运营部门、营销部门、财务部门和工程设计部门的参与；人员招聘需要人力资源部门、会计部门和运营部门的参与；体育赛事的开展涉及人力资源部门、财务部门、行政办公部门和信息管理部门等。

业务流程是有层次性的，这种层次表现为由上至下、由整体到部分、由宏观到微观、由主要到辅助支持、由抽象到具体的逻辑关系。这有利于企业业务模型的建立。一般来说，首先建立主要业务流程的总体运行过程（其中包括企业总体战略）；然后对其中的每项活动进行细化，落实到各个部门的业务过程，建立相对独立的子业务流程以及为其服务的辅助业务流程。而且，业务流程之间的层次关系在一定程度上反映出企业各个部门之间的隶属关系。表4-1对业务流程进行了分类。

一般分类	定义	增值功能	举例	再分类
业务流程	直接为顾客创造价值的一系列关联活动	直接	供应—生产—输出—售后服务	核心业务流程
辅助流程	辅助与保障活动	辅助	人力资源、培训、后勤、公共关系	非核心业务流程
战略流程	驱动与导向活动	间接	战略目标、经营重点	

四、流程管理的概念

流程管理（process management）是一种以规范化地构造从一端到另一端的业务流程为中心，以持续地提高组织业务绩效为目的的系统化管理方法。其实质就是从企业战略出发，从满足客户需求或从业务出发，对流程进行规划与设计，建立流程组织机构，明确流程管理责任，监控与评审流程的运行绩效，并适时进行流程变革决策。

流程管理的目的在于使流程能够适应外部经营环境，有效结合公司战略要素，引入跨部门协调机制，使公司降低成本、缩减时间、提高质量、方便客户，提升综合竞争力。

流程管理的一般路径包括认识流程、建立流程、优化流程和再造流程等步骤。流程优化是对流程的部分内容进行更新、替代，或是对某些环节进行简化和时序调整；流程再造是指完全翻新作业流程。通过设计流程实现功能的改进，最大限度地增加价值。这种方法适用于单独流程，也可以用于整个组织（见图4-4）。

五、流程再造的基本思想

流程再造的基本思想是在建立信息技术平台的基础上，追求企业整体流程的最优化，明确流程再造的目的是提高企业的竞争力，拓展企业新的战略发展方向，以外部顾客的观点来设计企业内部的业务流程,将流程再造为一种文化,对执行的工作进行有效的指导,并从多方面的战略出发,如时间、成本、质量和顾客满意度等,再造流程。

流程再造的实施是一个循环反复的过程,它可以分为八个步骤,即从建立流程再造团队开始,建立流程再造的目标、利用价值分析法等分析和诊断企业现有流程存在的问题、设计多种流程方案,结合企业的资源条件选择一个最佳的方案予以实施,对实施后的效果再进行评估,如果效果较为满意可以继续施行,如果不满意就需要进行调整,直到满意为止。如图4-5所示。

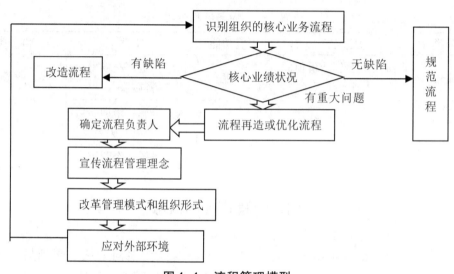

图4-4 流程管理模型

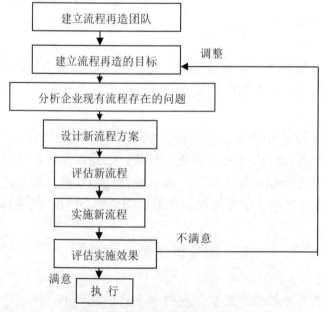

图4-5 流程再造的实施步骤

第二节 体育产品生产流程选择与战略抉择

一、体育产品生产流程分类与抉择

体育产品生产流程的选择需要进行长期的战略发展分析，它需要多个职能部门参与与协作，一旦选择不轻易改变。因此，流程的选择就是战略的抉择。一般来说，体育产品生产流程的选择需要考虑产品的数量、产品的标准化程度。表4-2列出了几种典型的体育产品生产流程分类方法。

表4-2 生产型企业流程的分类方法

流程分类标准	生产类型
按照产品生产的流程分类	连续生产流程 装配线生产流程 批量生产流程 项目生产流程
按照产品的需求特性分类	备货型生产 订货型生产 订单装配型生产

（一）按照体育产品生产的流程分类

根据施罗德的观点，产品生产流程可以分为连续流程型生产、装配线流程型生产、批量生产和项目型流程四种。体育产品的生产流程也可以据此分类。

1.连续流程型生产

连续流程型生产是指产品在不间断的流水线上进行生产，其产量大，要求具备较高标准化程度和自动化程度，产品在流水线上是由一个工序流到另一个工序的连续过程，如运动型饮料、啤酒、石油和电力等生产均采用此法。这种生产方式的管理重点是保证物料的连续供应并确保流程的每一环节的正常运行。任何一个流程环节上的问题都将会导致整个生产过程的瘫痪。连续流程型生产的产品和生产过程相对稳定，有专门的自动装置能够对生产过程进行实时监控。常用来生产日用品。它通常是依靠高自动化来进行大量生产，并通过降低库存和分销成本，实现降低总生产成本。这样，导致连续流程型生产对产品配方和类型的改变受到很大的限制。

2.装配线流程型生产

装配线流程型生产（又称为"加工装配型""离散型"）是由许多零部件构成的，每个零件的加工过程是相对独立的，物料按照一定的工序流动，在流动中不断对物料形态与性能进行改变，并通过部件装配和总装配实现最终产品。

装配线流程型生产方式的特点是产品在整个生产过程中由一道工序转移到下一道工序是依靠传送系统实现的，生产流程呈串联状态，常用来生产跑步机、健身器械、汽车等大规模的消费品。

装配线流程型生产设施的地理位置是分散的，可以在不同国家或地区进行零部件的加工和产品装配。但由于该生产过程涉及零件种类多，加工工序多样化，不同类型的加工单位、人员和设备，导致生产组织管理过程十分复杂，成为当前生产管理界研究的重点问题。

装配线流程型生产管理重点是控制零部件的生产进度，保证产品生产的配套性。由于装配线流程生产需要建设装配工厂，其比项目流程或批量流程生产需要更多的资金投入。

3.批量生产

批量生产是一批一批进行生产，每批产品都是成批地从一个工序移动到下一工序。一个工序也称为一个工作中心，是一组加工相似产品的机器或工艺。批量生产规范有序，它可以选择不同的工序路线生产大量不同的产品。批量生产采用的是通用设备，即为生产不同种类产品而设计的专用设备，柔性较大，可以接受不同数量的生产订单。但这种柔性的生产方式对员工的技术要求较高。批量生产可以具体分为小批量生产、中批量生产和大批量生产。如体育器材零件、足球、运动服、运动短裤都采用批量生产加工。

4.项目型流程

项目型流程适用于创造性或独特性产品生产项目，它的特点是设计难，工序组织安排过程中出现的问题较多，生产成本高，有时难以控制，很难采用自动化，每一产品的生产都是独立的、与众不同的。如奥运场馆的建设，由于项目的特征导致项目设计难度大、工序安排复杂、出现问题的概率较高，一般采用项目型流程。

表4-3对上述几种流程特点进行对比分析。

表4-3　几种流程特点进行的对比分析

产品特征	连续流程和装配线	批量生产	项目
订货类型	连续或大批量	批量	单件
产品流	有序的	不定的	无
产品差异性	低的	高的	极高的
市场类型	大规模	定制化	独特的
产品需求	很大	中等	单件
人员的技术要求	低	高	高
工作类型	重复的	无参照	无参照

产品特征	连续流程和装配线	批量生产	项目
设备	专用设备	通用设备	通用设备
运营目标：			
柔性	低	中等	高
成本	低	中等	高
质量	相同	相同	相同
配送	准时	准时	准时

（二）按照产品需求特性分类

1.备货型生产（Make-To-Stock, MTS）

备货型生产是指企业在未接到客户订单的情况下，按照原有的标准进行产品的生产。这种生产方式是为保证货源充足，通过一定量的库存来保证客户的需要。

2.订货型生产（Make-To-Order, MTO）

订货型生产是指按照客户的订单要求进行产品的生产。客户对产品提出不同的要求，以协议或合同的形式确定产品的质量、性能、数量和交货期限及方式，并由企业组织设计和生产制造。

3.订单型装配生产（Assemble-To-Order, ATO）

订单型装配生产是订货型生产与备货型生产的混合产物。在这种情况下产品的生产必须要求模块化的设计。订单型装配生产是指按照客户的要求进行产品的生产，但这种生产方式与订货型生产方式的不同是产品零部件的生产是事先制定好的，当企业接到订单后，按照客户对产品的要求将零部件进行装配。这种生产方式有效地缩短了产品的交货期。如网球拍就是根据客户的要求选择不同的配件，如网面的颜色、质量的选择；如专门为奥运参赛运动员准备的住宿及饮食等。

订货型生产与订单型装配都是在接到客户订单后进行产品的生产，产品具有高差异化，产品的生产成本很高，价格昂贵，控制交货提前期和产能成为其生产目标，因此，运营的重点是保证产品的交货许诺和交货时间。与订货型生产与订单型装配相比较，在备货型生产系统中，产品的生产是由生产者自己指定的，产品低差异化，生产成本较低，价格便宜，企业生产的目标是平衡仓储、产能和服务，因此其运营的重点是预测产品的需求数量、确定生产计划和库存的有效控制。

如网球拍的生产就是一个典型的例子。按照备货型生产流程，客户从体育用品商店购买一个网球拍。客户首先需要选择网球拍支架，其次选择网球网线，这就体现出按照订单装配流程。销售人员将网球拍支架与网球网线装配到一起。如按照订货型生产流程，销售人员为客户设计网球拍支架，然后订购网球线来满足客户的需要，而网球拍支架与网球线的不同搭配组合，在外观和功能上形成了差异化的球拍。

二、产品—生产流程战略抉择

（一）产品—流程矩阵

生产流程设计的一个重要内容就是要使生产系统的组织与市场需求相适应。生产过程的成功与失败与生产过程组织有着直接关系。什么样的需求特征，应该匹配什么样的生产过程。这就是产品—流程矩阵。产品—生产流程矩阵最初是由海雅斯（Hayes）和威尔怀特（Wheelwright）提出来的，它主要用来描述产品和流程选择的动态性，后来得到了广泛应用（见表4-4）。

表4-4　产品—流程矩阵

产品生产流程特征	单一产品	数量少，标准不统一（小批量）	数量多，有几种主要的产品（中批量）	数量多，标准化程度高（大批量）
项目	奥运场馆的建设			
批量		大型设备		
流水线（装配线）			跑步机	
连续流程				运动饮料

在表的上方是一种典型产品生产周期，从单一类型的产品到大量标准化产品。表的左侧是产品的生产流程，流程同样有生命周期，从项目到连续流程。中间从左到右选取的是一种代表性产品。很多产品都具有产品和流程的生命周期特征。根据多数企业的发现，沿对角线选择和配置生产流程，可以达到最好的技术经济性，换言之，偏离对角线的产品结构——生产流程匹配战略，不能获得最佳的效益。传统的根据市场需求变化仅仅调整产品结构的战略，往往不能达到预期目标，因为它忽视了同步调整生产流程的重要性。因此，产品生产流程可以帮助企业在产品和流程上进行战略选择。同时，为保证产品和流程同步选择，产品—流程矩阵要求运营部门与营销部门之间的交叉职能协作。

产品生产流程也有生命周期，从项目流程到连续流程，经历了产品的导入期、成长期、成熟期和衰退期，即产品的生产从单件生产、小批量生产，到大批量生产，再到标准化生产。这样，产品的生命周期与产品生产流程的生命周期密切联系起来，两者相互作用和影响，产品生产流程的选择对产品成本、质量、生产能力、销售量产生较大影响（见图4-6）。通常，在产品生命周期的导入阶段，市场需求少，企业组织单件产品的设计与开发，按照产品订单生产；成长期阶段，产品市场需求增加，生产量增加，企业组织标准化的产品设计，并按照库存生产。而对于生命周期较短的并不适用。

048

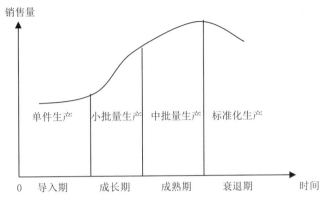

图4-6　产品生命周期与生产类型生命周期关系图

（二）大规模定制（mass customization）

大规模定制是一种提供数量多、品种多、产品差异大的策略。定制是指为不同客户提供差异的产品。随着计算机、机器人、模块化等柔性技术的发展，大规模定制可以实现。但由于大规模定制成本较高，与大规模生产的成本趋同，这样会因生产成本过高导致大规模定制无法完成。大规模定制与传统的大规模生产不同，大规模生产是要求高产量和高标准化，是通用的产品。而大规模定制是多种产品从一个流程中生产出来，是一个流程，不是通用产品。

大规模定制主要有三种类型，即模块化生产、订单的快速传递和产品差异化的延迟。模块化生产是按照订单装配流程来完成产品的生产；订单的快速传递是指订单的转化实践接近于零；产品差异化的延迟是指将产品订单交付运输之前对产品的部分改变来实现大规模定制的一种方法。如运动T恤定制专卖店在客户取货的时候按照客户要求图案进行印制。

大规模定制改变了产品—生产流程矩阵的对角线理论。但其有一定的局限性，并不是所有的产品都适用大规模定制。

第三节　体育服务流程设计与管理

一、服务流程类型

目前服务流程类型主要有以下几种：

（一）纯服务与混合型服务

依据客户联系的重要性，将服务运营分为高联系型或纯服务型的服务和低联系型或准生产型的服务。高联系程度的服务需要与客户面对面或在场才能提供的服务，如健身俱乐部、竞赛表演、体育培训等。低联系型的服务指不需要客户在场就可以提供的服务，如体育运动器械和服装等（见图4-7）。

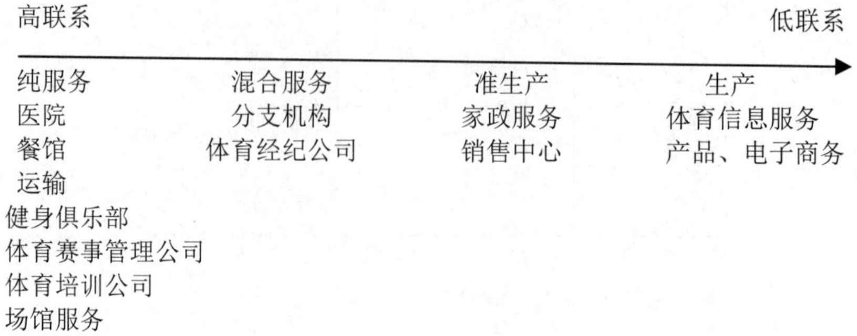

高联系   低联系

纯服务	混合服务	准生产	生产
医院	分支机构	家政服务	体育信息服务
餐馆	体育经纪公司	销售中心	产品、电子商务
运输			
健身俱乐部			
体育赛事管理公司			
体育培训公司			
场馆服务			

图4-7　服务的客户联系模型

（二）劳动密集型与资本密集型

1986年，施米诺（Schmenner）提出服务流程矩阵，该矩阵根据影响服务传递过程性质的两个维度对服务进行分类：横向维度衡量与顾客接触程度和顾客化服务（定制化）程度，纵向维度衡量劳动力与资本的密集程度，可以形成四个象限，四种服务类型，即服务工厂（大量资本密集服务）、服务车间（专业资本密集服务）、大众化服务（大量劳动密集服务）、专业化服务（专业劳动密集服务）（见图4-8）。

劳动密集型（Labour-intensive）是指为生产一定产量所必须投入的生产要素中，劳动投入的比例高于其他生产要素比例的产业。如轻纺工业、手工业和服务业等产业。这些产业占用资金少，设备的技术程度低，容纳劳动力较多。随着社会生产力的发展和科学技术在生产中的广泛应用，劳动密集型产业将逐步向资本密集型产业或知识密集型产业转化，或者在新的物质技术上形成新的劳动密集型产业。

资本密集型（capital intensive）是指生产产品过程中耗费的资本品成本超过人力成本的生产类型。如高尔夫球场、场馆、滑雪场、体育产品生产设备等都属于资本密集型。资本密集型产业是指需要较多资本投入的行业、部门。

第一象限称为"服务工厂"或称为"大量资本密集服务"。这一象限内的劳动密集程度低，资本密集程度高，企业与顾客接触程度较低，对顾客进行个性化服务较少。总体来看，对顾客的服务采取无差别统一化管理。属于此种类型的有健康娱乐场所、度假胜地、餐馆、游乐场、观看各类赛事等。

第二象限称为"服务车间"或"专业资本密集服务"。这一象限内的劳动密集程度低，资本密集程度高，企业与顾客接触程度较高，对顾客进行定量化个性化服务较多，根据顾客的不同需要企业采取差别化的服务，如高尔夫俱乐部为客户量身定制训练课程计划。

第三象限称为"大众化服务"或"大量劳动密集服务"。这一象限内的劳动密集程度高，资本密集程度低，但是企业与顾客接触频率较少，针对顾客进行个性化服务较少。此种类型对顾客的服务基本上采取的是无差别统一化服务，如健身俱乐部为客户提供的统一健身器械。

第四象限称为"专业化服务"或"专业劳动密集服务"。这一象限内的劳动密集程度高，资本密集程度低，企业与顾客接触程度高，对顾客进行定量化个性化服务较多，根据顾客的不同需要采取差别化的服务。属于此种类型的有医生、律师、会计师、建筑设计师、体育经纪人、私人教练、咨询专家等。

上面的服务过程的划分并不是绝对的，它是随着环境及客户的需求在不断地动态变化的。企业可以随着时间的变化进行自身定位的改变，当其在矩阵中所处的定位发送改变时，可以采用不同的管理方法以应对不同的挑战。

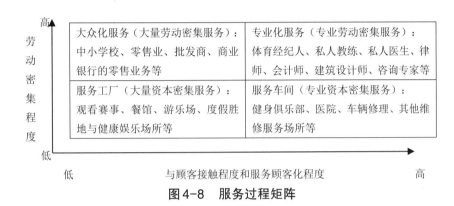

图4-8　服务过程矩阵

（三）顾客导向型、合作型和供应商导向型

根据戴维·A.科利尔和麦耶提出的服务矩阵，将顾客的偏好与服务系统的设计联系起来进行分析（如图4-9）。矩阵的上方表示客户的需求关键要素，是客户在服务过程中引起的各种独特、多变化需求。一方面，企业可采用高标准化的流程来满足客户的相同需求；另一方面，企业可采用高度定制化的服务给客户提供独特需求。矩阵左侧表示运营服务系统流程设计，这一维度表明企业提供给客户多少种服务方法。

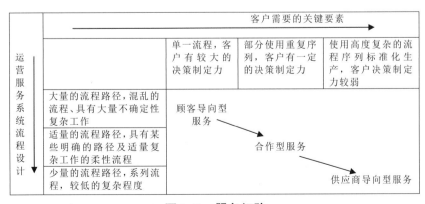

图4-9　服务矩阵

　　顾客导向型服务是指根据顾客的独特的、高度差异化的需求，采取高度定制化服务。这种服务方式，客户能够对服务的构成以及服务提供方式、服务时间等方面有很大的决策权，还需要充分体验和感受服务过程中的参与性和互动性。但这种服务方式要求高度柔性的服务系统、训练有素的人员，提供给客户所需要的体验和感受。如私人健身教练为一位需要瘦身的客户量身定制健身计划方案。

　　合作型服务是指企业通过适度的标准化服务流程为客户提供的一定数量的选择。如高尔夫课程中，高尔夫的玩法就是标准化的，从一个洞打到18个洞。但客户可以自己决定怎样打完一场比赛。

　　供应商导向型服务是指根据客户基本相似的需求，通过高度标准化为客户提供有限的服务，但仍可以满足不同客户的需求。如自动提款机。

　　自动服务能够使客户产生信任感，节约成本，提升速度和便利性，让客户在服务过程中发挥出最大的潜能，改善并独自完成服务运营流程。在实际操作中，客户扮演员工的角色，学习和观察他人的自动服务操作。对于服务矩阵中的任何一种服务类型均可采用自动服务。它可以使服务从顾客导向型服务转向合作型服务或供应商导向型服务。但是，自动服务本身能够改变服务的本质，减少企业的销售机会。

　　服务矩阵对不同类型的服务进行了分类，指出不同类型服务之间的运营管理重点。如客户导向型服务运营管理重点是针对人力资源管理和培训问题，而供应商导向型服务需要自动化和资金的大量投入。

二、服务流程的设计

　　根据1998年蔡斯和坦斯克关于客户与服务系统的接触程度不同，将高接触程度和低接触程度的服务系统分离，提出服务流程设计决策的方法，即服务流程设计矩阵（见图4-10）。

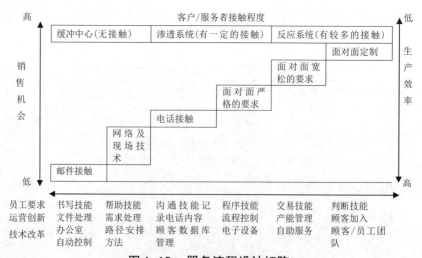

图4-10　服务流程设计矩阵

图4-10的上方表示顾客与服务的接触程度；图的左边表示销售机会，即服务者与顾客的接触机会越多，卖出产品的可能性就越大；图的右边表示顾客对服务系统的影响，即顾客对服务者接触越多，企业生产效率越低；图的下方是对人员能力、运营系统和技术的要求，越符合目标市场需求效果越佳。

顾客与服务者的接触流程中，顾客接触程度低的服务需要有技能员工、有效的流程路径及产品和流程的标准化。顾客与服务系统的接触程度可以保持在平均需求水平之上，这样可平稳应对顾客的需求高峰和低谷。接触程度高的服务需要聪慧、灵活、气质好、愿意与顾客接触的员工，并要求高价格和高定制服务，及时应对服务系统的高峰期。另外，顾客将会对流程的绩效产生重大影响，有时甚至会破坏定制化服务，为提高企业生产效率、降低成本，应减少针对顾客的独特服务。

服务流程设计的内容包括确定主要与辅助服务内容及提供服务方式。确定主要服务内容是指对客户提供的基本服务，如滑雪场为客户提供滑雪具、高尔夫俱乐部及各类球馆提供球具服务、游泳馆提供泳衣和洗澡间服务等；辅助服务内容是为客户提供主要服务以外的附加服务内容，如休闲大厅提供的免费茶点服务。主要服务内容不可以随意更改，而辅助服务内容可以根据企业的具体情况进行增减；提供服务方式的设计主要包括提供服务的时间、地点，采用的器具和服务态度。不同的服务方式产生不同的服务价格。

三、服务流程的管理

（一）服务恢复与承诺的管理

服务恢复是指在服务过程中出现错误，服务系统将为顾客提供必要的措施或在必要时刻满足顾客提出的额外要求。服务恢复包括恢复服务和服务补偿。通常，服务恢复做得好，顾客感到满意就不会追究服务过失责任。

服务承诺是指服务者保证为顾客提供其满意的服务手段，它可以清晰地表明企业必须达到的服务水平。

【小资料】

阿迪达斯承诺尽快修改"三包"细则

阿迪达斯"三包"承诺难兑现系列稿件得到了这家知名跨国企业的重视。昨天在阿迪达斯体育（中国）有限公司的书面答复中，承认公司现行的"三包"规定有待完善，并承诺将尽快对其鞋类"三包"细则予以修改。

阿迪达斯承认，比照各地政府有关鞋类产品"三包"的相关规定，该公司现行"三包"规定确有有待完善的部分。由于目前国家没有统一的鞋类产品"三包"规定，因此阿迪达斯将尽快按照各地规定，改进"三包"细则。同时，阿迪达斯将提升"三包"的执行力度，比如对"三包"条款做更好的明示，并在产品质量问题确认方面给消费者更多的帮助。该公司还表示，将研究制定更高标准的"三包"细则，为消费者提供更好的售后服务与保障。

据了解，这份书面答复也已送交上海市消保委，上海市消保委陆续收到的多起关于阿迪达斯"三包"承诺的消费投诉也正在积极处理中。

上海市消保委有关负责人表示，经过半个多月反复交涉，阿迪达斯"三包"服务不到位的问题终于得到了圆满解决，市消保委对其知错就改的态度表示欢迎。不过，由于阿迪达斯的产品在中国销售范围广、产品数量大，因此希望该公司能切实按照答复修改并履行好"三包"服务，并且为以前购买该公司产品的消费者也提供改进后的"三包"服务。

资料来源：《劳动报》2008

（二）注重员工服务质量

服务利润链模型（Service Profit Chain）是1994年由詹姆斯·赫斯克特教授等5位哈佛商学院教授提出的。该模型表明利润、顾客、员工、企业四者之间关系并由若干链环组成的链。利润是由客户的忠诚度决定的，忠诚的客户给企业带来高的利润空间；客户忠诚度是靠客户满意度取得的，企业提供的服务决定了客户的满意度；企业内部员工的满意度和忠诚度决定了服务。简言之，客户的满意度最终是由员工的满意度决定的。服务利润链将服务领先战略和成本领先战略联系起来，使企业在竞争中取胜（见图4-11）。

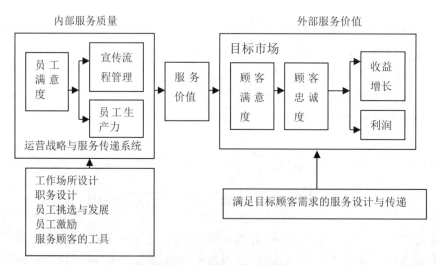

图4-11　服务—利润链

从图4-11可以看出，内部服务质量取决于员工对工作本身满意度及员工之间的关系面。工作本身满意度取决于员工完成预定目标的能力以及在这一过程中所拥有的权利。当员工具备了上述两个条件时，自然会因为达到了预期目标而对工作满意、对企业满意，并最终对企业忠诚。员工之间的关系在很大程度上决定了企业内在服务质量的高低，员工之间的人际关系维持一种和谐、平等、互相尊敬的关系，员工满意度和工作效率高。

员工的忠诚度取决于员工的满意度，员工满意度是指对现在的一切满意否，包括报酬、学习、晋升、环境、地位、企业的承诺等各个方面。

高服务价值来源于企业员工高保留率和高工作效率，也就是来源于员工对企业的忠诚度。对企业而言，培养员工的忠诚度，最重要的是要让员工有归属感、事业成就感，通过给予员工提供发展的机会、建立员工自我管理团队、让员工享有一定的股权、提供有挑战性的工作、对员工无微不至的关怀等措施来实现。

【复习思考题】

1.制作学生毕业论文写作流程图，该工作流程图表达的是毕业生毕业论文的制作过程。

2.选择某体育企业，用简洁的图例建立其作业流程图，并解析作业过程中每一个环节对产品（服务）的增值效应。

3.试分析下列流程的类型：

健身俱乐部、高尔夫球场、大学课程表、新生注册。

4.针对高端健身俱乐部、低端健身俱乐部和社区健身中心的流程特征（如产品类型、资金、人员、计划和控制系统等）进行比较分析。

5.体育赛事纪念品——徽章是由生产厂家按照客户的订单进行产品的生产。客户首先选择赛事纪念品的图案、款式，然后向厂商订购一种或几种徽章。生产厂商正考虑采用备货型生产方式生产赛事纪念品。该厂商有必要这么做吗？生产厂商的经营将发生怎样的改变？

6.某体育用品生产商将产品从批量生产流程改为装配线流程，这种流程的转换对市场营销部、财务部、人力资源部、会计部和信息系统五种职能有何影响？

7.举例说明大规模定制方法。

8.如何通过服务矩阵来提高体育企业的服务运营？

9.试举例说明体育企业的服务恢复与保证。

【案例分析】

地中海俱乐部提供"精致一价全包"的全新度假理念

来自法国的 Club Med 创立于1950年，提供了"精致一价全包"的全新度假理念，并于1967年创立了儿童俱乐部，为孩子们提供了丰富的活动。Club Med 2003年进入中国市场，2022年正式启用中文名字"地中海俱乐部"。它是全球最大的旅游度假连锁集团，拥有遍布全球五大洲30个国家的80多座度假村，其醒目的海神戟标志遍布全世界最美丽地方。Club Med 是法文 Club Méditerranée 的缩写，传达出了简单、快乐、阳光的度假理念。

Club Med 拥有专业的儿童托管服务和儿童俱乐部，并致力于为宝贝们提供特别服务，为少年们提供丰富的体育和艺术活动。凭借 Club Med 在儿童看护方面的超过40年的经历，给孩子们带去了全新的自然理念。G.O 即法语"GENTIL ORGANISATEUR"的缩写，意指"和善的组织者"或"亲切的东道主"。他们都是 Club Med 的员工，分别来自世界 110 多个国家。每个人都至少精通两门以上语言，并拥有一技之长，以其热情和高素质的服务著称。Club Med 拥有 2000 位体育教练，提供了 60 种不同运动项目指导，每一个人都喜爱体育运动。

Club Med Joyview 是 Club Med 集团旗下短途游品牌，秉承了 Club Med "精致一价全包"理念，旨在为中国宾客打造独一无二的目的地体验，也致力于通过多样的定制化解决方案为其提供更多假期灵活选择。这里拥有安吉、黄金海岸、北京延庆、千岛湖 4 座度假村，还将陆续开发北京延庆（丽璟楼）、南京仙林两个度假村的新项目。在度假村，除了经典"精致一价全包"度假方案，还将提供"房间含早"套餐供宾客灵活选择预订。度假村能够完美满足家庭出游、朋友结伴、公司团队等群体对亲子、婚礼、会务等多样化旅行需求。目前地中海俱乐部正在积极布局全国市场，计划在成都黑龙滩和三郎、江苏太仓、广东佛山和汕尾等地开建度假村。

资料来源:《中国经营报》 2022

讨论问题：结合实例，谈谈地中海俱乐部的服务模式及启示。

第五章

体育产品和服务的开发

【本章提要】

本章阐述了产品的生命周期与产品开发,体育产品开发的驱动模式、程序和战略,国际体育产品开发的趋势,并在此基础之上阐述了体育产品的设计和体育服务产品的开发。

【名词解释】

1.质量功能配置(quality function deployment,QFD)。是一种将顾客要求转化为产品设计和工程设计特征,并配置到产品生产制造过程的各工序和生产计划中去的一种方法,以保证最终产品最大限度地满足顾客的要求。

2.面向制造和装配的设计(Design for Manufacturing and Assembly,DFMA)。是指在产品设计的早期阶段充分考虑与制造和装配有关的约束条件,指导产品设计人员进行同一零件的不同材料和工艺的选择,并从制造和装配的可行性分析的角度对不同制造方案进行制造、装配时间和成本的定量分析和评估,全面比较和评价各种设计和工艺方案。

3.并行工程(Concurrent Engineering,CE)。是对产品及其相关过程进行并行、集成化处理的系统方法和综合技术。

4.价值工程(Value Engineering,VE)。也称为"价值分析(Value Analysis,VA)"。价值工程是对产品设计方案进行技术经济分析的一种有效的科学分析方法,现已被广泛应用于产品设计、开发以及老产品的技术更新与改造等方面。

【引导案例】

运动品牌巨头瞄准中国女性消费市场

美国知名运动品牌阿迪达斯和耐克瞄准中国女性消费群体。阿迪达斯品牌早就占据了全球足球市场的主要份额,现在该品牌看好年轻女性市场,主推针对年轻女性的时尚装备。该品牌通过扩展旗下的 NEO 时尚 Outlet，推出金属感的靴子等，充分运用 Facebook 和 Twitter 这两个社交平台，希望能吸引到 14～19 岁的年轻女性。Adidas 品牌估计这个举措能带来 10 亿欧元的营销收入，NEO Outlets 已经进入了俄罗斯、印度和中国市场，仅在中国就开设了 1000 多家店铺，紧接着还将在德国开设分店。NEO 在俄罗斯有 26 家店铺、印度有 60 家。进入年轻女性市场并不容易，Adidas 还需找到自己的不同点，增加自己在年轻女性市场上的吸引力。2014 年，阿迪达斯分别在北京和成都开设了女子专卖店。2016 年，阿迪达斯推出专为女性消费者打造的新产品系列跑鞋，并在维多利亚公园建立了一个新产品概念空间，为年轻女性提供免费的健身训练体验。2017 年，阿迪达斯推出了由全女性阵容出演的"释放你的创造力"广告宣传。邀请了包括 WNBA 总冠军坎迪斯·帕克在内的时尚、体育界 15 位知名女性讲述利用自身创造力"对抗传统、重新定义自己的道路"故事。在大中华区，阿迪达斯在女性运动装上的市场份额从 2012 年的 22% 上升到了 2015 年的 27%。2018 年阿迪达斯推出全新系列产品，专为女性设计的新款跑鞋采用 Primeknit 无缝针织面料，内部嵌入支撑条，以适应不同足型。另外推出跑步运动背心采用 Parley 纱线具有防水功能。公司推出的新一期训练服装兼顾功能性的同时更具时尚感，辅以绚丽的色彩和图案设计，在设计细节上体现出女性特点。

而近期，耐克官网公布了名为"变革新 1 代"的女子运动鞋系列，是由 14 位女性设计师对经典鞋款进行改造，将女性形象进行组合分类，寻找定义女性的因子，探讨女性运动员的思维方式、时尚潮流，并把所有元素串联起来的。最终风靡女鞋市场的松糕底、无鞋带设计、天鹅绒以及前卫的前后倒置设计和以古代束腰胸衣为灵感的系带设计等成为这 10 款球鞋中亮眼的元素。产品设计概念对应了五种人格，即有着无畏探险态度、崇尚纯爱宣言、代表智者之道、追求自由叛逆和古灵精怪。此外，彪马（PUMA）、斯凯奇等体育运动品牌也都非常重视女性市场。

实际上，体育运动市场专为女性设计的运动鞋很少。2017 年女子运动市场是整个运动市场增长最快的细分领域。根据市场调研公司 NPD 的数据，第三季度美国运动鞋市场中女鞋的增长达到 6%，相比之下，男鞋和童鞋基本持平。女性消费占美国运动服饰销售总额的 62%。虽然增长迅猛，但相较于男性市场，女性市场在运动领域仍为很大的发展空间，《百货商业女子运动用品消费分析报告》显示，女性运动产品的种类和款式仅占运动品牌产品总量的 30%～35%，而男性市场则已供过于求。

资料来源：《中国商报》资料整理 2018

第一节　新产品开发策略

体育用品生产和服务企业进行产品开发时，需要根据产品所处的生命周期来决定产品开发的重点，并在产品或服务开发操作过程中严格遵循产品和服务开发的程序与方法，以使企业生产出来的产品和服务最大程度地满足消费者的需求。

一、产品生命周期及产品开发重点分析

产品生命周期是指产品从进入市场到最后退出市场所经历的市场生命循环过程。产品的市场生命周期是指产品在市场上出现到被淘汰的全过程。一般呈S形正态曲线分布，包括投放期、成长期、成熟期、衰退期等四个阶段，如图4-6所示。

（一）投放期

投放期也称"导入期"或"介绍期"，该阶段指产品设计成功并开始投放市场的时期。由于产品刚投入市场，消费者还不了解或对产品存有顾虑，消费者的购买行为不够踊跃，销售量低，利润少，一般为负值；产品的质量不太稳定；没有稳定的分销渠道，分销和促销费用较高；竞争者较少，增长都比较缓慢。为此，这一时期的产品开发重点为：一是对产品进行创新设计，确定最有竞争力的型号；二是消除产品设计中的缺陷；三是缩短产品的生命周期，完善产品性能。

（二）成长期

成长期指新产品通过一段时间的销售，逐渐被消费者所接受，销售量迅速增长。这一时期的新产品在经过调整和改进后已经趋于完善，服务质量大大提高，新产品逐渐被消费者所熟悉和认可，企业进行大规模的产品生产制造，利润迅速上升。这一时期产品开发重点为：一是改进产品工艺；二是降低产品成本；三是使产品结构标准化与合理化；四是稳定产品的质量。

（三）成熟期

成熟期阶段是指产品已经完全被消费者所采用，潜在的消费者基本被开发，市场需求量达到顶峰，但此时的增长率较低，利润在后期开始下降。这一阶段，同类产品的竞争者纷纷进入市场，成本竞争力是关键。为此，这一时期产品开发重点为：一是使产品系列化与标准化；二是提高产品工艺稳定性；三是创新质量与服务；四是对产品或服务进行局部改革。

（四）衰退期

该阶段产品销量和利润显著下降，产品的形式和内容都显得陈旧，消费者对产品的兴趣急剧下降，产品将退出市场，新产品将涌现。这一时期产品开发重点为：一是减少产品细分；二是精简产品系列；三是淘汰老产品。

作为体育用品的生产企业应根据产品所处的生命周期来决策新产品的开发时机。即当第一代产品处于成长期的时候进行第二代新产品的开发，当第一代产品进入衰

退期时第二代产品进入成熟期。这样一代接着一代地进行新产品的开发，以保证企业的市场份额、产品销售量和利润，形成企业持续的竞争优势。

二、新产品开发的驱动模式

新产品开发主要是由于市场需求的不断变化，通常，新产品开发大致分为市场驱动和技术驱动两种。

（一）市场驱动的产品开发

市场驱动的产品开发主要是指根据市场需求进行产品的开发。企业一般通过对市场的调研，对新产品生产成本、技术要求、利润等情况进行评估以后才能决定产品开发的决策。

（二）技术驱动的产品开发

技术驱动的产品开发是指企业根据技术的发展情况以及企业的技术创新结果来进行产品的开发，即以技术引导消费。

三、新产品开发的程序与内容

不同的行业产品开发的过程有其自身特点，并无统一的模式。体育新产品开发的程序与内容一般分为六个阶段：

第一阶段是确定新产品开发的目标。在这一阶段根据体育用品生产企业的总体经营战略和产品策略，确定新产品开发的目标。

第二阶段是寻求新产品开发的设想。这一阶段主要是通过大量信息资料的收集和整理，寻求新产品的设想。

第三阶段是对新产品的设想进行筛选和评价。当新产品设想产生以后，经过系统的研究与分析，从中挑选出符合企业经营目标的新设想，以使企业现有资源集中于成功率高的新产品开发上去。

第四阶段是设计性试制。这一阶段主要是对选出的较优方案进行样品试制，鉴定设计效果。

第五阶段是生产型试制。当产品经过设计性试制后效果较好，可以进行小批量生产。

第六阶段是推向市场。当产品经过小批量生产以后，可以将其向市场进行推广，在时机成熟以后进行大量生产。

在产品开发的过程中，新产品开发的设想、筛选尤为重要，一旦选错，企业将受到巨大损失。

四、新产品开发的策略

由于组织具有不同的特点、优劣势，体育用品生产企业在选择新产品开发策略时应综合考虑企业自身的资源条件和所处的竞争环境，选取新产品的开发策略。

（一）市场领导者策略

这种策略主要是指组织在所有竞争者之前，率先采用新技术将新产品推入市场，打造名牌产品，争取市场占有率和利润。通常，采用这一策略的组织实力雄厚，具有较强的应用研究与开发研究能力，技术处于行业领先地位。

（二）市场跟随者策略

这一策略主要是指组织通过迅速模仿领导者的产品技术，在产品的成长期阶段将新产品投放市场。通常，采用这种策略的组织具有较强的技术与研发能力，市场竞争重点是如何将现有消费者吸引过来。

（三）低成本或仿制策略

这种策略主要是指组织以降低的成本进入市场，通过规模化生产实现低成本的策略。

（四）市场利基者策略

这种策略主要是指组织对大企业未开发的少数市场提供特定的需求服务。通常，采用这种策略的组织具有较强的设计与工艺能力，并要求其制造能力具有较强的适应性。组织通常选在产品的成长期进行市场细分。

五、国际体育用品生产企业产品开发趋势

从国际市场的发展来看，国际体育用品生产企业的新产品开发特点为：

（一）技术外包

许多企业将本企业的一些非核心技术外包给其他的企业，自己集中力量进行产品的核心技术研发的一种策略。

（二）合作开发

这种策略是指企业与企业的原材料供应商及中间商等建立战略合作伙伴关系，共同进行产品开发，以应对激烈的市场竞争。

（三）定制化产品开发

这种策略是指企业采用定制化的生产方式来满足顾客的个性化需求。

（四）组织的虚拟化

国际企业间在产品开发过程中，以建立虚拟组织的形式进行产品开发。

（五）注重环保意识

这种开发策略是指企业的产品开发必须考虑减少环境污染和浪费问题。

第二节　体育产品设计

体育产品设计主要注重的问题：一是要考虑产品的设计符合体育消费者的需求；二是产品设计要具有可制造性和可装配性；三是体育产品的设计需要进行价值工程分析，获得功能和成本的最佳经济效益；四是体育产品的设计需要运用并行工程方法，将产品的集成地、并行地进行设计，以提高质量、降低成本、缩短产品开发周期和产品上市的时间，具体为：

一、面向体育消费者需求的产品设计

面对体育消费者需求的不断变化，企业致力于了解和研究体育消费者对体育产品功能和质量的实际需求，生产出超过或符合体育消费者需求的产品。通常，体育用品生产企业采用质量功能配置方法来实现这种顾客化的设计要求。

（一）质量功能配置

质量功能配置（quality function deployment，QFD）是一种将顾客要求转化为产品设计和工程设计特征，并配置到产品生产制造过程的各工序和生产计划中去的一种方法，以保证最终产品最大限度地满足顾客的要求。

QFD 的核心思想是：注重产品的可行性分析研究到产品的生产制造是以市场需求为驱动的，注重将顾客需求转化为产品开发的管理者、设计者、制造部门及生产部门等有关人员都能够理解的各种信息，以保证产品的生产最终能够符合顾客的需求。

质量功能配置可使产品开发人员在产品设计阶段考虑制造问题，产品设计和工艺设计交叉并行，可减少工程设计更改 40%～60%，缩短产品开发周期 30%～60%，QFD 强调在产品早期概念设计阶段的有效规划，可降低产品开发和试制成本 20%～

40%；产品整个开发过程以顾客需求为驱动，因此顾客对产品的满意度将大大提高；通过QFD的实施，提高全体职工满足顾客需求的意识，对企业的发展有着不可估量的作用。

（二）质量屋

质量屋是一种直观的矩阵框架表达形式，通过建立质量屋的基本框架、输入信息、分析评价各种输出的信息，实现的一种需求转换。如图5-1所示，它是由四个矩阵部分组成：WHATS矩阵是用来表示需求什么；HOWS矩阵是用来表示针对需求怎样去做；相关关系矩阵式表示WHATS项的相关关系，HOWS的相互关系矩阵表示HOWS内容项目的关联关系；评价矩阵是表示HOWS项的组织度或技术成本评价情况。质量屋建立完成之后，通过定性与定量分析可以得到输出项——HOWS，完成顾客需求到怎样实现顾客需求的转换过程。

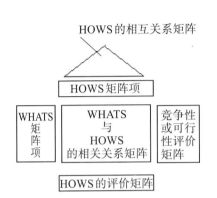

图5-1　质量屋的基本形式

（三）质量功能配置的应用过程

通常，QFD分解通过以下四个质量屋来实现，即：

1.产品规划阶段的质量屋

产品规划阶段的质量屋是指将顾客需求转换为产品技术特征，并根据顾客竞争性评估（从顾客的角度对市场上同类产品进行的评估）和技术竞争性评估（从技术的角度对市场上同类产品的评估）结果确定产品各个技术需求的目标值。如图5-2所示。

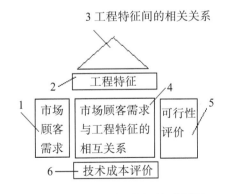

图5-2　产品规划阶段的质量屋

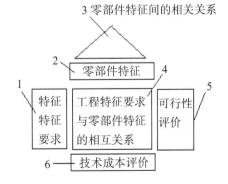

图5-3　零部件规划阶段的质量屋

其中：

图中1是表示顾客对产品的各种需求（WHATS项）。

2是用来描述对应于市场顾客需求的工程特征要求，即有什么样的市场顾客需求就会有什么样的工程特征要求。

3是表示工程特征之间的相关关系。

4是表示各个工程特征项与各个市场需求的相互关系，各个项目之间的关系可以采用定量的分值表示。通常，强相关关系为9分，它是满足顾客需求的必须具备的某种工程特征要求；一般相关关系为3分，它是为了满足某种顾客需求而采用的不同的工程特征；弱相关关系为1分，它表示两项之间的关联关系较弱。

5是指产品可行性评价矩阵，或称为"市场矩阵"，它表示待开发的产品针对顾客的不同需求的竞争力评估价值。在此处，可引进若干市场上的同类产品作为竞争对象进行比较来判断产品的市场竞争力。

6是指产品规划阶段的计算和成本矩阵，通过建立各项工程特征的技术和成本评价数据及若干同类产品的相对应信息进行分析对比，找出不足，提出改进措施，完成需求转换。

2.零部件规划阶段的质量屋

零部件配置阶段的质量屋是以产品技术特征为输入，从多个产品设计方案中选择最佳方案，并通过零件配置矩阵将产品技术特征转换为关键的零件特征，如图5-3所示。

3.工艺规划阶段的质量屋

工艺规划阶段的质量屋是指确定为保证实现关键的产品特征和零部件特征所必须保证的关键工艺参数，如图5-4所示。

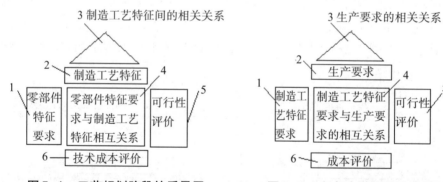

图5-4　工艺规划阶段的质量屋　　　图5-5　生产计划阶段的质量屋

4.生产计划阶段的质量屋

生产计划阶段的质量屋是指将关键工艺参数转换为具体的生产要求。如图5-5所示。

二、面向可制造可装配性的产品设计

（一）面向可制造可装配性的产品设计的概念

在传统的产品开发模式中，产品设计过程与制造加工过程脱节，使产品的可制造性、可装配性和可维护性较差，导致设计改动量大、产品开发周期长、产品成本高和产品质量难以保证，甚至有大量的设计无法投入生产，造成人力和物力的巨大浪费。面向制造和装配的设计（Design for Manufacturing and Assembly，DFMA）是指在产品设计的早期阶段充分考虑与制造和装配有关的约束条件，指导产品设计人员进行同一零件的不同材料和工艺的选择，并从制造和装配的可行性分析的角度对不同制造方案进行制造、装配时间和成本的定量分析和评估，全面比较和评价各种设计和工艺方案。它是一种全新的更简单、有效的产品开发方法，可为企业降低生产成本，缩短产品开发周期，提高企业效益。

（二）DFMA 的主要内容

DFMA 是用来优化解决设计功能、可制造性和装配方便性之间关系，通过各种管理手段和计算机辅助工具帮助设计者优化设计，提高设计工作的一次成功率。DFMA 的主要内容包括三个方面的内容：

1.设计简单化、标准化

设计简单化是指在满足美观和功能要求的前提下，使设计尽量简单，减少零件的个数，减少以装饰功能为主的附件设计。

2.产品设计原则

向设计师提供符合企业现有情况的产品设计原则：

①减少零件个数和种类，并尽量使用标准件。

②尽可能采用组合设计的方法。

③使设计的产品方便检验和测量。

④产品的精度要求应符合实际生产能力。

⑤稳健性设计。稳健性设计有助于提高产品生产、测试及使用过程中的稳定性。

⑥充分考虑产品的定位，减少一些没有实际作用或可有可无的附加设计，同时使所设计产品的功能、用途更加清晰明确。

⑦简化装配过程。采用易于装配的简单零部件，简化组件间的连接设计。

⑧采用常用结构和材料，避免采用特殊材料以及需特殊工艺加工的零部件或组件。

⑨考虑产品维修和保养问题，使产品便于拆装和维修。

3.多方案分析

在概念设计阶段，DFMA 要求设计者进行多方面的比较分析，一些很小的改动或完善，可能会给后续的设计工作带来极大的收益。通过多个方案的对比分析，设计者才能够达到最终优化设计的目的。通常，多方案分析的实现建立在两个基础之上。一是要在设计创意阶段收集一定数量的设计方案；二是要有科学的分析评价手段和工具。

DFMA软件将设计、装配、材料和加工工艺的知识集成在一起，从装配、制造和维护等方面出发创建一个系统的程序来分析已提出的设计方案，使独立的设计者自己就能够利用这些信息做出合理的选择。

三、并行工程

（一）并行工程的概念

并行工程（Concurrent Engineering，CE）是对产品及其相关过程进行并行、集成化处理的系统方法和综合技术。它包括产品的制造过程和支持过程。

并行工程是在1988年由美国国家防御分析研究所（IDA—Institute of Defense Analyze）提出来的。并行工程是指集成地、并行地设计产品及其相关过程的系统方法。

并行工程的基本思想就是要求开发人员在产品设计的早期阶段就思考产品整个生命周期中从概念形成到产品报废的所有因素，包括质量、成本、进度计划和用户要求。

（二）并行工程的目标

并行工程的目标是指为有效提高质量、降低成本、缩短产品开发周期，以提升产品上市的时间。具体为：

1.提高质量

提高整个产品制造过程的质量，包括产品的设计、工艺、制造和服务等各个环节。

2.降低成本

降低产品生命周期费用，包括产品设计、制造、销售、服务、用户使用直到产品报废的全部费用。

3.缩短产品开发周期

缩短产品研究开发周期，包括减少设计反复和制造中各环节的时间。

（三）并行工程的特点

1.分布式的组织机构

分布式的组织结构，将组织结构由层次式转为平面式

2. 并行工程的基本组织结构

并行工程的基本组织结构就是产品的开发团队，它是由各方面的专家，如设计、质量管理、制造、采购、销售、售后服务及信息管理等方面的专家组成，团队成员具有较大的权力和责任。

3. 集成化的产品设计、制造和销售过程

并行工程是将产品及其有关过程的设计并行进行协调，以尽早地交换、协调和完善产品的有关制造和支持等各种过程。

四、价值工程

（一）价值工程概念

价值工程（Value Engineering，VE），也称为"价值分析（Value Analysis，VA）"。价值工程是对产品设计方案进行技术经济分析的一种有效的科学分析方法，现已被广泛应用于产品设计、开发以及老产品的技术更新与改造等方面。

价值工程的基本思想就是通过各相关领域的协作，对所研究对象功能与费用进行系统分析，不断创新，旨在提高所研究对象价值的思想方法和管理技术。即是以所研究对象的最低寿命周期成本可靠地实现使用者所需的功能，以获取最佳的综合效益。

（二）价值工程的基本表达式

价值工程的基本关系式为：

$$V=F/C$$

其中，V 是价值，F 是产品功能，C 是产品成本

提高产品价值的途径主要有五种：

1. 成本不变，功能提高

价值（V↑）=产品功能（F↑）/产品的寿命周期成本（C→）

2. 功能不变，成本下降

价值（V↑）=产品功能（F↑↑）/产品的寿命周期成本（C↑）

3. 成本略有增加，功能大幅度提高

价值（V↑）=产品功能（F→）/产品的寿命周期成本（C↓）

4. 功能略有下降，成本大幅度下降

价值（V↑）=产品功能（F↓）/产品的寿命周期成本（C↓↓）

5. 成本降低，功能提高

价值（V↑↑）=产品功能（F↑）/产品的寿命周期成本（C↓）

（三）价值工程的一般工作程序

价值工程的一般工作程序分为六个步骤：

第一步骤，选择价值工程对象

价值工程对象的选择常用的方法有因素分析法、ABC分析法、强制确定法、百分比分析法。

第二步骤，收集价值工程对象的有关资料

信息资料收集是价值工程实施过程中进行价值分析、比较、评价和决策的依据。对于产品分析来说，一般应收集的信息资料包括：用户方面的信息资料；市场销售方面的信息资料；技术方面的信息资料；经济方面的信息资料；本企业的基本资料；环境保护方面的信息资料；外协方面的信息资料；政府和社会有关部门的法律、法规、条例等方面信息资料。

收集的资料及信息一般需要进行分析和整理，剔除无效资料，选择和使用有效资料，以利于价值工程活动的分析研究。

第三步骤，功能分析

1.功能定义就是根据收集到的情报和资料，分析对象产品或部件的物理特征（或现象），找出其效用或功用的本质东西，并逐项加以区分和规定效用，以简洁的语言描述出来。如图5-6所示。

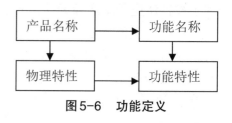

图5-6 功能定义

2.功能整理

功能整理是利用功能的系统性，用系统的观点将已经定义的功能进行整理，并找出各局部功能相互之间的逻辑关系，并用图表形式表达，以明确产品的功能系统，从而为功能评价和方案构思提供依据。

功能整理的主要任务就是建立功能系统图。功能系统图是按照一定的原则方式，将定义的功能连接起来，从单个到局部、从局部到整体形成的一个完整的上下位关系的功能体系，是该产品的设计构思。如图5-7所示。

3.功能评价

功能评价就是用 $V=F/C$ 公式计算出各个功能的价值系数，以解数量化的问题。最常用的功能评价方法是功能评

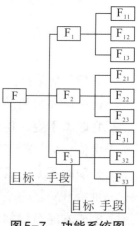

图5-7 功能系统图

价系数法。功能评价系数法是采用各种方法对功能打分，求出功能重要系数，然后将功能重要系数与成本系数相比较，求出功能价值系数的方法。

功能评价系数法步骤为：

第一步是计算功能重要性系数（功能评价系数）

确定功能重要性系数的重要问题是对功能打分。常用功能打分法有强制打分法

（如0—1评分法）；

第二步是计算成本系数，计算公式为：

成本系数 = 功能单元成本值 / 成本总值

第三步是计算价值系数，计算公式为：

价值系数 V = 功能重要性系数 / 成本系数

求出的价值系数大小有三种情况：

①V=1，说明价值高，功能与成本匹配合理，一般无须改进；

②V<1，说明成本过大，有改进的潜力，是重点改进的对象；

③V>1，说明功能分配偏高或成本分配过低，应当查明原因，或者剔除多余功能。

第四步骤，成本分析

成本分析是指评价对象的现实成本在全部成本中所占的比率，计算公式为：

功能的成本系数 = 功能的现实成本 / 全部成本

求出产品的成本系数以后，确定目标成本与成本的降低幅度，计算公式为：

某产品的目标成本 = 产品的目标成本 × 某产品的功能评价系数

某产品的成本的降低幅度 = 某产品的现实成本 − 某产品的目标成本

第五步骤，价值分析

价值分析就是通过产品的价值系数，确定改进工作的重点与方向。

某产品的价值系数 V_j = 某产品的功能系数 / 某产品的成本系数

根据计算结果又分三种情况：

V_j=1。表明评价对象的功能比重与成本比重大致平衡，合理匹配，可以认为功能的现实成本是比较合理的。

V_j<1。表明评价对象的成本比重大于其功能比重，表明相对于系统内的其他对象而言，目前所占的成本偏高，从而会导致该对象的功能过剩，应设法降低成本。

V_j>1。表明评价对象的成本比重小于其功能比重。出现这种结果的原因可能有:第一个原因是现实成本偏低，不能满足评价对象实现其应具有的功能的要求，致使对象功能偏低；第二个原因是对象目前具有的功能已经超过了其应该具有的水平，也即存在过剩功能。

第六步骤，提出改进的方案和措施

提出改进的方案和措施，使每个部件的价值系数尽可能趋近于1。

第三节　体育服务产品的开发

一、体育服务产品的类型与特征

根据服务传递过程的变化程度与服务内容的变化程度可以将服务产品分为四种

类型。如图5-8所示：

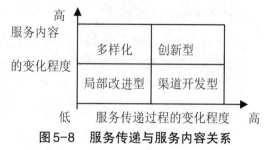

第一类是局部改进型服务。这种服务内容与服务传递工作内容的改进程度很小，因此，对现有的服务运营影响面也较小，能在较短的时间内进入市场。如体育健身俱乐部增加机票或酒店的代理业务。

图5-8　服务传递与服务内容关系

第二类是多样化的新服务。这是在保持服务传递方式不变的情况下，给消费者提供全新的服务内容。如一些健身俱乐部为消费者量身定制训练课程计划。

第三类是创新型的新服务。这里主要是指提供给消费者全新的服务内容和传递服务方式。如高尔夫健身俱乐部提供24小时的手机及网上预订服务。

第四类是渠道开发型新服务。这里是指在提供的服务内容不变的情况下，采用全新的传递方式。如一些体育用品公司通过互联网进行体育用品的销售。

二、体育服务产品的开发过程

体育服务产品的开发过程主要集中于研究传递服务上。新服务产品的开发大致可以分为以下几个阶段（如图5-9所示）。

第一阶段：体育服务产品的设计阶段。主要包括体育服务产品的目标和战略的制定以及体育服务概念的开发和测试。

第二阶段：体育服务产品的分析阶段。是指通过财务分析的方法对体育服务传递相关的供应链合作伙伴进行分析和评价。

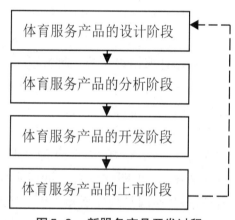

图5-9　新服务产品开发过程

第三阶段：体育服务产品的开发阶段。主要是完成体育服务产品的设计和测试，并运行完成的体育服务产品的设计方案。

第四阶段：体育服务产品的上市阶段。主要是指体育服务产品在通过初步的测试和试运行阶段以后，便可以将其投放到市场中去。

【复习思考题】

1.试阐述产品生命周期及产品开发重点。

2.试分析新产品开发的程序与内容。

3.请阐述面向体育消费者需求的产品设计。

4.请阐述面向可制造可装配性的产品设计。

5. 试分析价值工程方法的内涵。

6. 试阐述体育服务产品的类型与特征。

7. 试分析体育服务产品的开发过程。

【案例分析】

国家体育场的选址与设计

北京奥运会主会场——国家体育场，即人们常说的"鸟巢"，除了承担北京奥运会和残奥会两个开幕式、闭幕式外，还承担田径、足球、马拉松等奥运赛事。它为特级体育建筑，建筑面积25.8万平方米，占地20.4公顷。主体结构的设计使用年限是100年，耐火等级一级，抗震设防烈度8度。最多能容纳9.1万名观众，其中8万个座位为固定座位，1.1万个座位为临时座位。

鸟巢定居京城北中轴线，体现了艺术之美。在为鸟巢选址之初，规划部门有不同地区的选址方案，包括京城北郊、东南郊、亦庄等地区都在选址方案考虑范围之内。为保证举办奥运会与城市建设协调发展，北郊方案特别是落脚在北中轴线的方案最终胜出。中轴线北段选址的方案与北京的历史传统有着内在的联系——传统的北京旧城以中轴线为中心组织建筑，组织城市空间布局，可以说中轴线是城市的一个精髓。而在新北京城的规划中，中轴线得以向北一直延伸至北五环，向南则延伸至大红门。

从城市的发展来看，亚运会实现了中轴线至北四环，而奥运会则实现北中轴线从北四环到北五环的延伸——国家体育场、奥林匹克森林公园等奥运设施使中轴线穿过奥林匹克中心区向北延伸，鸟瞰这条延伸后的中轴线，就像一条用水系组成的龙形，奥林匹克森林公园也跟北京原有六海水系一起组成了中轴线水系景观，形成一个以自然绿化为主的中轴线的结尾，使整个奥林匹克建筑群融合在自然绿化之中。

以中轴线作为城市规划中心线的做法在全世界各国城市均有采用，但是在中国北京却有着独到之处，在明清两代最后形成的传统中轴线南起永定门北到钟鼓楼，这条中轴线反映了更深的文化内涵。从艺术本身来看，整体统一必须要有一条主线来体现，城市的整体环境也必须要有这样一条主线。表面上看我们并不能从视觉上真实感受到，但是中轴线的历史延续使得我们能够用这条线将我们两个时代的脉络紧密联系起来，尤其是因鸟巢等奥运设施得以延伸的北中轴更体现出一种时代的艺术之美。

北京北中轴线的延伸其实也是对原来中国北京传统中轴线的一个发展。在老中轴线上坐落着以故宫为主的古建筑群。到了奥林匹克公园，中轴线变成了一条虚的轴线，是一条奥林匹克大道。鸟巢和水立方以及其他场馆并不是以一个完全对称的方式布置在中轴线的两端，这也体现了中轴线的发展。

国家体育场的设计方案，是经全球设计竞赛产生的，由瑞士赫尔佐格和德梅隆设计事务所、ARUP工程顾问公司及中国建筑设计研究院设计联合体共同设计的"鸟巢"方案，可称为马鞍形大跨度交叉旋转布置门式钢桁架结构体系，该设计方案主体由一系列钢桁架围绕碗状座席区编制而成，空间结构新颖，建筑和结构浑然一体，独特、美观，具有很强的震撼力和视觉冲击力，充分表现出既是结构又是外形的先进设计理念。

鸟巢观众席等处充分利用自然通风和自然采光，以减少人工的机械通风和人工光源带来的能源消耗，对场内用房的维护结构的传热系数进行控制，优化保温、隔热设计。对大面积窗户做外遮阳处理，以提高建筑物的节能水平。鸟巢部分区域利用地热资源，实行冷热水机组"三联供"，可满足夏季制冷、冬季取暖和生活热水供给需要。"巢"内通过高效环保的变频暖通空调系统，对室内温度进行调节。鸟巢使用了各类高效节能型环保光源，在行人广场等室外照明中采用太阳能光伏发电照明系统。在暖通空调、消防设施等处采用绿色环保的无氟工作介质，保护臭氧层的各种措施。在国家体育场约8000平方米的足球场地草坪下，错综复杂的管线为鸟巢提供免费能源。这些管线就是地源热泵的地下热管，这种技术实行冷热水机组"三联供"，冬季吸收土壤中蕴含的热量、供热；夏季吸收土壤中"冷气"、供冷。地源热泵可满足赛时、赛后部分负荷运行，储存冰能，调节室内温度，减少了运行能耗，节能又环保。鸟巢内没有立柱，是一系列辐射式门式钢桁架围绕成的碗状座席。这些座席环抱着赛场的收拢结构，上下层之间错落有致，从任何位置到赛场中心点之间的视线距离都在140米左右。鸟巢的下层膜采用的吸声膜材料、钢结构构件上设置的吸声材料，以及场内使用的电声扩音系统，这三层"特殊装置"使"巢"内的语音清晰度指标指数达到0.6——这个数字保证了观众清晰地收听广播。鸟巢的相关设计师们还运用流体力学设计，模拟出9.1万个人同时观赛的自然通风状况，让观众享有自然光和自然通风。鸟巢的观众席里为残障人士设置了200多个轮椅座席、助听器。运动员通道的长度、运动员休息室的衣柜、媒体工作间里的引水点分布等都做了配置。钢结构内有12对爬梯，不同的"道路"旁都标注了该路上面座位的层数及座次。使得鸟巢里的钢结构更加漂亮，还可在紧急情况下疏散观众。鸟巢南北轴长为333米，长轴方向外立面最高点为41米，呈上弦状；东西宽298米，宽轴外立面最高点为68米，呈下弦状；内圆长为182米，宽为124米。体育场外形结构主要由巨大的门式钢架组成，这些钢架呈椭圆辐射状旋转形成主受力体。在主体钢架中间沿重力传递路径填充次级构造钢架，使看似无序的框架内蕴含了严谨的受力体系，实现了结构功能与外观形式的统一，秩序中蕴含着变化。总的来说，鸟巢从选址到设计充分体现"科技、绿色、人文"三大理念。

资料来源：奥运官网资料整理 2008

讨论问题：结合案例阐述鸟巢的选址与设计理念及启示。

第六章

体育产品和服务设施的选址与布置

【本章提要】

本章主要分析了体育产品和服务设施的选址与布置的概念、影响因素、类型和方法进行了分析。一般影响设施选址因素很多，主要有量本利分析法、综合多因素分析法、线性规划法和负荷距离法等；设施布置的类型主要有工艺专业化、对象专业化、制造单元方法和固定位置四种；设施布置的方法主要有物料流向图法、物料运量比较法、关联分析法、从至表法四种方法。

【名词解释】

1.设施选址是指运用科学的方法决定设施的位置，使之与企业的整体运营系统有机结合，有效地实现企业的经营目标。

2.设施布置是指在一定给定的设施范围内，对多个工作单元进行位置的安排。

【引导案例】

运动品牌专卖店选址

通常，运动品牌专卖店选址重点考虑区域和地段两个要素。一是最佳区域。选址最佳区域是通过分析街区商业活动频繁程度和核实该地段人流量来确定的。选址标准依次为休闲步行街、商业街区、繁华市区、目标消费群体聚集地。运动品牌定位是从消费者的年龄、职业、教育程度、社会角色、经济收入、文化背景等要素区隔目标消费群体的。一般来讲，休闲风格、低价位的品牌适合于学生、刚入职、收入不高的群体，而时尚风格、高价位的品牌适合于入职时间长、收入较高的群体。年轻、收入不高的群体喜欢人流量大、价位较低的街区，而偏向于定价较高品牌的群体喜欢逛购物环境好、配套设施齐全、人流量不大的商业区。二是最佳地段位置。专卖店主要通过分析高峰期和平均客流量及方向、目标店铺的人和车辆的总数量、顾客光顾竞争对手店铺情况、聚集客流的地点这四个方面内容，确定最终选址位置。

第一节　体育产品和服务设施的选址

无论是体育产品制造企业还是体育服务企业，选址与布置都是一项重要而艰巨的工作。科学正确的选址与布置能够给企业的经营带来巨大的收益，对于企业的长期生存和发展具有战略性意义。

一、设施选址的概念

设施选址是指运用科学的方法决定设施的位置，使之与企业的整体运营系统有机结合，有效地实现企业的经营目标。具体来讲，就是科学地为体育产品制造型企业或体育服务型企业的厂址选择合理的地区或区域（国内还是国外，发达城市还是二三线城市等），即选址，并在此基础之上确定其具体选择在该地区的什么位置设置设施，即定位，使其减少成本增加利润、获得长期的竞争优势。在实际选址操作中，对于选址的备选地区、子地区、社区进行的评估分析称为"宏观分析"，而对于特定地点位置的评估分析称为"微观分析"。

由于选址关系到很多因素，而这些因素之间常常又是相互矛盾的，如接近顾客往往不接近原材料产地、运输方便的地点地价高；不同决策部门因素的相对重要性很难确定和度量，如高尔夫健身俱乐部选在人口稠密区还是城郊区；不同决策部门利益不同，所追求的目标不同，如营销部与生产部；选址方案的时效性有一定的限制，如随着时间的变化，现在认为好的选址，将来可能不一定好，反之亦然。如大学建在市中心很难发展，而建在偏僻地点却变繁华了。

二、影响设施选址的主要因素

影响设施选址的因素很多，不同的企业对设施选址有不同的要求。在设施选址时，企业应根据自身的实际情况确定其重要考虑的因素，并区分层次，做出最佳的决策。下面主要从政治、经济、文化和地理四个方面对影响设施选址因素进行分析。

（一）政治方面因素

政治方面因素主要包括当地政府对企业的管理方法，当地政府的政治稳定程度、政策条件、法制完善程度（环境保护方面的法规）、税赋公平程度等对企业的生产经营活动影响巨大。特别是企业在国外进行选址决策的时候，政治因素必须作为企业重要考虑因素。政治的稳定性是企业获得长期发展的基本保障。

（二）经济方面因素

1.原材料采购地区

原材料是企业的基本生产资料，在产品成本中占有很大的比重，企业在选址上需要选择一个价格比较低的原材料供应地区，有利于企业降低产品成本，特别是对原材料依赖性较强的企业尤为重要。通常，原料笨重而价格低廉的企业、原料易变质的企业应该接近原料或材料产地；产品运输不便、产品易变化和变质的企业和大多数服务性企业应该接近消费市场。

2.与目标市场所在位置的远近

靠近目标市场有利于企业产品迅速投放目标市场，降低企业运输成本。特别是服务性企业，其对市场的反应较为敏感，因此需要选择靠近目标市场的地区。而到达目标市场的交通便利条件对于服务性企业非常重要，因为交通便利条件是影响体育服务性设施地点的重要因素。

3.基础设施资源

基础设施资源是指企业所选地区的水、电、气等资源供应情况。由于企业资源条件依赖程度不同，企业应根据自身的实际情况进行合理选址。

4.与竞争对手的相对位置

体育服务性企业在选择的时候会尽量避开竞争对手，并且在一定区域范围内注重对体育服务性企业的替代品进行分析。如洗浴中心、桑拿按摩中心、SPA会所、保龄球馆、茶吧、咖啡厅等。但对于商场或快餐店等服务行业却正好相反。而制造性企业的选址与竞争对手的相对位置却不很重要。

5.周围环境

良好的商业环境氛围不仅可以为企业人员招聘、生产和生活提供完备的配套设施和条件，减少企业自身的投资，而且还会带来"聚集效应"。对于体育服务性企业来讲，不仅要对自身的硬件和配套设施进行分析，还包括对企事业单位、社区和目标人群的规模、数量及需求特征进行分析。周围的环境因素尤为重要。体育服务设施硬件包括体育设施所在位置（楼层）、外景、内部设施功能等；体育服务设施的配套设施主要包括停车位、通信网络、商业氛围、餐饮条件等。

6.劳动力条件

劳动密集型企业对劳动力的需求量明显高于资本密集型企业，特别是对于大量需要专门技术员工的企业，劳动力资源的可获性和成本就成为选址的重要条件。企业选择劳动力丰富且价格低的地区有利于降低产品的生产成本。目前，很多国外企业到发展中国家建厂或外包业务，就是看中发展中国家低廉的劳动力。

7.与协作组织的相对位置

对于协作关系复杂的企业应选址在靠近协作组织，企业建立配送中心接近协作组织或增加外包仓储配送业务。企业配送中心的建立就是解决运输、存储等一系列问题，企业增加外包仓储配送业务也是解决距离与运输的问题。

（三）文化方面因素

文化因素主要包括当地居民的生活习惯、文化教育水平、宗教信仰和生活水平等，这些对企业的运营产生不同程度的影响。不同文化背景的员工和习俗的差别对企业的管理方式有不同的态度和观点。

（四）地理方面因素

1.交通运输的便利条件

为了降低采购成本、缩短运输距离、减少装卸环节，尽量选择靠近码头、公路或铁路等交通便利的地方，方便运输，并综合分析各类运输方式的优劣势。在运输工具中，水运运载量大、运费较低；铁路运输次之；公路运输运载量较小、运费较高，但最具有灵活性，能实现门到门运输；空运运载量小、运费最高，但速度最快。在选址时，要考虑是接近原材料供应地还是接近消费市场。

2.地理和气候条件

企业选址时不仅需要考虑具备生产经营的地理面积，还要为以后的规模扩大留有余地，并且尽量避开地理条件恶劣的地区，如易震区。气候问题关系着厂房、办公室的建筑设计条件和员工健康、作业和工作效率，企业应给予高度重视。

通过以上分析可以看出，制造性企业的选址注重考虑产品的生产成本因素，如原料、劳动力、基础设施条件等；而服务性企业注重考虑市场因素，如目标市场与产品的关系、消费者的经济收入水平、市场竞争状况等。

三、设施选址的步骤

一般来说，设施选址可分为以下六个步骤。

（一）确定设施选址的总体目标

设施选址的总体目标是利润最大化，但需要平衡社会效益、经济效益和利润效益三者之间关系。组织或聘请有关领导和专家，采用科学的定性与定量选址方法，对具体方案进行全面综合的分析和评价，从中选出一个最佳的方案。

（二）收集与设施选址有关的资料

这里主要包括走访行业主管部门，了解有关行业规则、地区规划对设施布置的要求及政策，并说明本企业设施的生产或服务的性质、建设规模及场址要求。

（三）分析影响选址的主要因素进行系统分析

这里主要是针对影响选址的政治方面因素、经济方面因素、文化方面因素和地理方面因素进行分析和研究，并作出科学的决策。

（四）确定目标地区

这里主要是对各备选地区进行资料的收集、对比分析和整理，从中选出一个较为合适的目标地区。

（五）评鉴并确定具体地点

目标地区选定之后，要确定具体厂址建设地点。这里需要企业从城市建设部门取得地形图和城市规划图，征询目标地点选择的意见，收集有关当地气象、地质、交通、供水、供电、通信、供热、排水、运输费用、施工费用、建筑造价、税费等资料，并将这些资料和实际的情况进行核对、分析和整理，选出一个较为合适的场址作为最后的方案。在确定厂址时还应考虑厂区平面布置方案，并留有适当扩充余地；估算厂地环境的所有需要支出的总费用。

（六）编制报告

编制可行性分析报告，供决策部门审批。可行性分析报告包括：（1）场址的选择依据（如政府批文等）；（2）目标地区的概况介绍；（3）企业设施规模及技术经济指标，主要包括占地面积、职工人数、运输量、原材料需求量等；（4）对选择的场址进行综合评价，即对自然环境、费用、经济效益和社会效益进行分析总结；（5）出具当地有关部门的意见；（6）绘制出总体平面布置图。

四、设施选址决策的评估方法

目前设施选址决策的评估方法很多，主要有量本利分析法、综合多因素分析法、线性规划法和负荷距离法等。企业在选址时常常会采取不同的评估方法。

（一）量本利分析法

量本利分析法（又称为"盈亏平衡分析法"）是用来评价不同的选址方案。这一方法主要是通过对企业产销量、成本以及利润水平进行分析，来对企业的销售价格、成本控制及是否进行生产等问题进行决策。通常，制造性企业采用成本比较方法，服务性企业则采用利润比较法。

在量本利分析中，成本分为固定成本和可变成本两类。其中固定成本是指在一定业务量范围内，不随着产销量的变化而变化的成本。如设备的折旧费、厂房的租赁费用等就属于此类。而可变成本是在业务范围内，随着产销量的变化而呈现正比例变化的成本。如直接材料、直接人工成本等。

量本利三者之间的关系可用下式表示：

$$R = Q(P - VC) - FC$$

其中，利润以 R 表示，产品单价为 P，销售量为 Q，单位可变成本用 VC 表示，固定成本用 FC 表示。

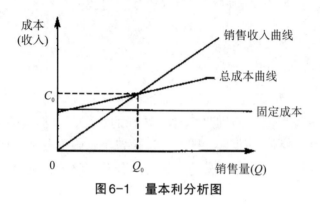

图6-1　量本利分析图

（二）综合多因素分析法

综合多因素分析法在常用的选址方法中也许是使用得最广泛的一种，因为它以简单易懂的模式将各种不同因素综合起来。综合多因素分析法的具体步骤如下：

第一，列出相关的选址决策因素。

第二，分别赋予每一因素一个权重。每一因素的分值由权重来确定，而权重则要根据成本的标准差来确定。

第三，给所有因素的打分设定一个共同的取值范围，一般是 1 ~ 10 或 1 ~ 100。

第四，聘请有关专家和领导给每个备选方案进行评分，计算出各方案的总分。

第五，将每个因素的得分与相应的权重相乘，并把所有因素的加权值相加，得到每一个备选择地址的最终得分。

第六，选出最高总得分的地址作为最佳选址。

【例6-1】例如某体育用品专卖店预扩大业务，拟在城区新建分店，现有3个备选方案，如表6-1所示。

表6-1　某一体育用品专卖店选择方案表

影响因素	权重系数	方案一		方案二		方案三	
		评分值	加权得分	评分值	加权得分	评分值	加权得分
政策	0,25	40	10	40	10	50	12,5
劳动力条件	0,15	40	6	30	4,5	40	6,0

影响因素	权重系数	方案一		方案二		方案三	
		评分值	加权得分	评分值	加权得分	评分值	加权得分
配套设施	0,10	50	5	40	4,0	40	4,0
购买力	0,15	50	7,5	10	4,5	40	6,0
地理位置	0,10	40	4,0	30	1,0	30	3,0
市场成长	0,10	40	4,0	50	5,0	30	3,0
交通条件	0,10	10	1,0	50	5,0	20	2,0
生活水平	0,10	30	1,5	10	0,5	20	1,0
合计	1,00		39,0		34,5		37,5

从表6-1中可以看出，方案一得分最高，可以确定为最佳方案。

（三）线性规划法

当选址方案决策时，运输费用占总费用的比例较大，需要特别考虑运输成本时适用此种方法。这种方法的实质是实现运输费用最小化。

【例表6-2】某体育用品公司现有3个分公司A、B、C，分别位于不同的城市，有两个配送中心分别位于不同的城市中心1、中心2，现将在D城市或E城市再建一个配送中心。见表6-2所示。

配送中心是从供应者手中接受多种大量的货物，进行分类、保管、流通加工和情报处理等作业，然后按照顾客的订货要求备齐货物，以令人满意的服务水平进行配送的设施。

表6-2　生产能力与运输费用

公司	从公司到配送中心的单位运费（元）				生产能力（吨/月）
	配送中心1	配送中心2	D城市建配送中心	E城市建配送中心	
A	5	7	5	6	500
B	6	5	6	5	400
C	6	6	4	7	500
预计需求	600	400	300	300	

为计算简便，假设D城市的配送中心已经选定，如表6-3所示：

表6-3 D城市的配送中心运输费用

公司	从公司到配送中心的单位运费（元）				生产能力（吨/月）
	配送中心1	配送中心2	D城市建配送中心	E城市建配送中心	
A	600 5	7	5	100	500
B	6	400 5	6	0	400
C	6	6	300 4	200	500
预计需求	600	400	300	300	

D城市配送中心：月总运输费用为7800元。

采取同样的方法，计算E城市配送中心选定的情况下的费用为：月总运输费用为6800元，如表6-4所示。

表6-4 E城市的配送中心运输费用

公司	从公司到配送中心的单位运费（元）				生产能力（吨/月）
	配送中心1	配送中心2	E城市建配送中心	虚拟配送中心	
A	600 5	7	6	100	500
B	6	100 5	300 5	0	400
C	6	300 6	7	200	500
预计需求	600	400	300	300	

比较D城市或E城市，E城市的运输成本最低，因而在E城市建一配送中心是最佳选择方案。

（四）负荷距离法

负荷距离法（load-distance method）是一种单一设施选址的方法，当距离成为选址的重要考虑因素时采用。负荷距离法的目标是在若干个候选方案中，选定一个目标方案，它可以使总负荷（货物、人或其他）移动的距离最小。当组织与市场的接近程度等因素至关重要时，使用这一方法可从众多候选方案中迅速筛选出最有吸引力的方案，特别是对于服务性企业，其营业场所选址尽可能靠近顾客，提升顾客满意度。这一方法也适用于设施布置。

重心法是负荷距离法中的一种重要分析方法，其思想与线性规划法相似。它是一种选择配送中心或销售中心位置的方法，其目标是使配送成本或销售成本最小。重心法通过对现有地点的空间位置及新增中心到各地点的运量进行分析，根据重心原理，实现整个系统运输成本的最小化。重心法具体操作步骤为：

首先，最好应用地图建立一个反映地理位置的坐标系；

其次，确定各供应点或需求点与待定的配送中心之间的运输量；

第三，计算待定位置的坐标，选出总运量最小的地方。

重心法的基本数据模型为：

$$\min C(x,y) = \sum W_i d_i$$
$$x^* = \sum W_i x_i / \sum W_i$$
$$y^* = \sum W_i y_i / \sum W_i$$

其中，W_i 为第 i 个供应点或需求点的运输量；d_i 为第 i 个供应点或需求点与选择的配送中心的距离；(x_i, y_i) 为第 i 个供应点或需求点的地理坐标；(x^*, y^*) 是为待定的配送中心的地理位置。

【例6-3】某体育用品公司拟在某城市建立 1 个配送中心，现有 5 个专卖店，其每月的销售量分别为 500、600、800、900、600。现计算最佳的配送中心位置。表6-5 为专卖店销售量（运量）与地理位置关系。

表6-5　专卖店销售量与地理位置

专卖店	地理位置（x_i, y_i）	运量（W_i）
地点 1	20,50	500
地点 2	30,60	600
地点 3	40,50	800
地点 4	60,50	900
地点 5	90,20	600

根据重心法，配送中心的最佳位置为：

$$x^* = \sum W_i x_i / \sum W_i = (公里)$$
$$y^* = \sum W_i y_i / \sum W_i = (公里)$$

第二节　体育产品和服务设施布置

一、设施布置概念及目标

设施布置是指在给定的设施范围内，对多个工作单元进行位置的安排。这里的工作单元指需要占据空间的任何实物，包括人。给定的设施范围可以是一个工厂、一个车间、一个健身俱乐部等。

设施布置的目的是使生产系统能够经济有效地为客户提供其所需要的产品或服务。其设施布置的目标为：

（一）满足生产或服务过程的需要，力求成本最低

保证人流、物流、信息流流动路径的合理性和经济性，使产品的生产时间有效缩短。

（二）合理、经济地利用设施空间，节约场地

尽可能地将设施占用空间减小，使设施布置实现经济合理性。

（三）建立柔性生产或服务系统，满足不断变化的市场需求

由于市场需求不断变化，生产设施既要适应产品需求变化，还要满足设施更新和扩大生产和服务能力的需要。

（四）提供安全、便利和舒适的工作环境

为进一步提高工作效率和人力资源的有效利用，设施布置需要为员工提供一个安全、舒适的工作环境，保证员工的身心健康。

（五）便于组织管理

将密切相关或相近的工作内容布置在一个区域范围内，便于组织人员之间的技术交流和组织管理。

二、影响设施布置的主要因素

（一）产品类别与流程

企业生产的产品或提供的服务流程不同，其设施的布置也不同。如装配生产型与流程型在设施布置的要求上就有所区别，前者强调生产单位的分散布置，而后者强调生产过程的连续性，生产单位的紧凑布置。

（二）专业化与协作技术水平

不同专业化水平侧重建有不同的生产部门。如企业生产的产品或提供的服务的专业化水平高、专业自动化程度高、功能全面，一般都有较完整的工艺生产设施；而部分零件加工装配的企业只需要具有相应的零件加工的工艺设施。

（三）提供产品或服务的规模

企业提供产品或服务的规模决定了生产单位的设施布置方案。企业提供的产品或服务规模大、品种少，则需要采用对象专业化形式；而当企业提供产品品种多、

批量小，则应采用工艺专业化的形式。

（四）企业的规模

企业的规模能够决定设施布置形式。企业规模越大，其同类型的生产单位较多；而规模小的企业，同类型的生产单位少。有的企业将不同的加工工艺流程放在一起。

三、设施布置的类型

（一）工艺专业化布置

工艺专业化布置是指按照工艺专业化流程进行设施布置，将完成相似工艺过程的设施和人员安排在一起。这种布置方式的灵活性较强，适合小批量、多品种的生产。这种工艺专业化布置原则的优点是适应性强、设备利用率高、便于管理；它的缺点是运输路线较长、运输费用高。如以某体育用品的生产为例，如图6-2所示。

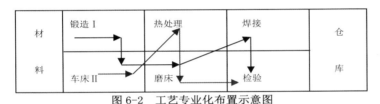

图6-2　工艺专业化布置示意图

图6-2　工艺专业化布置示意图

（二）对象专业化布置

对象专业化布置是指按照加工对象来设置生产单位，在车间内集中生产某种产品的各种设备，按其加工顺序进行布置，实行封闭式作业。这种布置方式适合加工标准化程度高的产品。对象专业化布置的优点是运输路线短，生产单位间的协作较为简单，便于采用领先的生产组织形式。其缺点是灵活性较差，设备专用性较强，投资费用大，适合于大量大批生产类型。如以某体育用品的生产为例，见图6-3所示。

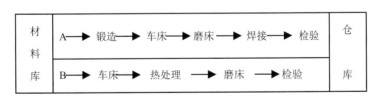

图6-3　对象专业化布置示意图

U形生产线设施布置是对象专业化设施布置的一种特殊形式，也是精益生产中经常采用的一种生产线布置方式。它是将设备设置在同一平面上，并以U字形对设施进行布局。生产线的U形设计便于拆卸、组装，能够有效地提高劳动生产率、降低生产成本，使机床布置更为紧凑，缩短运输成本和作业时间。如以某体育用品的生产为例，见图6-4所示。

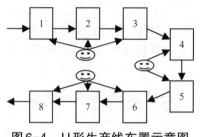

图6-4　U形生产线布置示意图

（三）制造或服务单元布置

制造或服务单元布置是指将不同的机器分成单元来进行相似工艺要求的产品的加工生产过程。它是通过一定的分类技术，根据零件结构特点、工艺过程和加工方法相似性，对所有产品零件进行系统分组，进行相似工艺要求的产品的加工生产。这种布置方案的目的是改善多品种、小批量生产模式，提高产品的柔性与效率，获得大批量生产的高经济效果。在制造单元布置中，柔性制造系统，成组技术的应用较广。成组设施布置是根据零件的结构与工艺相似性原理来组织生产。它结合了工艺专业化与对象专业化的布置特点，适合多品种、小批量的产品生产。如以某体育用品的生产为例，见图6-5所示。

图6-5　制造单元布置示意图

服务单元的布置是将体育健身项目分类来满足不同客户对体育休闲健身活动的需要。图6-6是以某健身俱乐部的服务单元布置为例。

图6-6　服务单元布置示意图

（四）固定位置布置

固定位置布置是指将产品或加工对象保持固定，而根据加工工艺的要求来安排生产设备对其进行加工生产。这种布置方式适合一些大型工程项目的生产设施布置。如以某体育用品的生产为例，如图6-7所示。

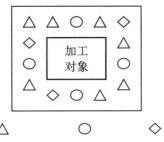

注：△表示零件；○表示员工；◇表示机器。

图6-7 固定位置布置示意图

上述设施布置与方法都是单一的设施布置方法，在企业的实际操作中，大都将上述几种方法混合使用。此外，上述设施布置的方法都是以体育产品生产企业为例来说明的，对于上述的设施布置方式同样也适用于体育服务性企业，如健身俱乐部、体育场馆设施布置等，其需要考虑需求量、可以提供服务的类型、服务的范围、服务个性化程度、员工的技能和成本。一般来讲，对于能够满足客户不同的差异需求的企业，通常采用的是工艺专业化布置方法；而提供给客户高度标准化服务的组织常会采用对象专业化布置方法；提供给客户连续的服务常采用成组技术布置方法。

四、设施布置的方法

（一）物料流向图法

物料流向图法是指按照原材料进厂、零件加工及产品装配等总流动方向来布置企业各车间、仓库和其他设施，并绘制物料流向图。如图6-8所示。

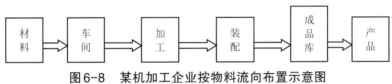

图6-8 某机加工企业按物料流向布置示意图

服务流向图法是按照为客户的服务流程进行布置的方法。图6-9是以某游泳馆的服务流向布置为例。

图6-9 某游泳馆的服务流向布置示意图

（二）物料运量比较法（又叫"往来分析法"）

物料运量比较法是通过分析设施之间流量（物流、人流或信息流）的大小，把运量大的安排在靠近的位置。这种布置方法适合于工艺专业化的设施布置，以使两个部门之间的流量最小化。物料运量比较法是指按照生产过程中物料流向及生产单位之间运输量大小及运输次数来布置设施方案。这种方法的目的是使总运输量减少。为简便操作，应将关系间运输量大的和运输次数多的尽量靠近布置。其具体步骤如下：

首先，统计各个单位间的物料流量，制定物料运量表，见表6-6所示。

表6-6　生产设施物料运输量表

从　　至	车间	加工	装配	成品库	小计
车间		4	4		8
加工	2		2	3	5
装配					
成品库			1		1
小计	2	4	3	3	

其次，根据原材料、在制品生产过程中的流向初步布置各个生产单位的相对位置，绘出运量关系图。如图6-10所示。

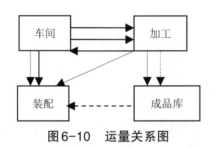

图6-10　运量关系图

图中：实箭线表示两个物料单位，虚箭线表示1个物料单位。

从运量关系图6-10可以看出：车间与加工部门的运输量及运输次数较大，这两个部门应靠近布置，其他部门之间的位置可以根据企业的实际情况进行灵活处理。图6-10得出各部门的初始布置方案，可以在此基础上不断进行优化调整，得出较优的设施布置方案。

（三）关联分析法

关联分析法是根据企业各部门之间关系的密切程度来设置设施的总平面结构。其具体分析方法是：首先，划分设施关联等级与原因；其次，将设施之间的关系用图形或表表示出来；最后，通过计算生产部门之间密切程度的最终评分值，找出最佳设施布置方案，将出现次数最多的优先排在中心位置，并将关系密切程度高的设施靠近布置，其他设施与已经设置的设施安排在其周围。企业各部门之间关系的密切程度及关系密切原因，如表6-7和表6-8所示。（注：形成各单位之间关系密切程度的原因可能是单一的，也可能是综合的）

（四）从至表法

从至表法适用于工艺专业化的生产车间内部的设施布置。其理论思路是利用从至表法列出车间内设施之间的相对位置，以对角线为基准计算设施之间的相对距离，找出整个车间物料运量或成本最小的布置。具体操作步骤：

第一，选择工艺路线和设施，确定出工艺路线表；

第二，统计不同设施之间的零件移动的次数，画出从至表；

第三，分析并调整从至表，将运量次数多的布置在相邻的位置，经过多次调整直到选择出总运量最少或运量成本最小的布置。

表6-7 关系密切程度分类

代码	重要程度	评分
A	绝对重要	6
E	特别重要	5
I	重要	4
O	一般	3
U	不重要	2
X	不予考虑	1

表6-8 关系密切原因

代号	相关原因	代号	相关原因
1	共用场地	5	文件密切
2	共用人员	6	工作相似性
3	共用设备	7	共同记录
4	人员密切	8	其他

【复习思考题】

1.试阐述影响设施选址的因素和设施选址的一般步骤有哪些。

2.试分析设施选址的方法有哪些，并说明各种选址方案的适用范围。

3.某体育用品公司打算扩大其生产规模，欲建一新的生产基地从事体育用品生产，目前有两个可供选择的方案，该公司考虑的因素、权重如表6-9所示，试为该公司选择一个最佳方案。

表6-9 某体育用品公司扩大生产规模

主要因素	权重	得分（总分100分）	
		方案1	方案2
原材料的供应	0.42	10	8
资源供应条件	0.15	15	15
交通通信	0.08	12	12
相关产业水平	0.10	9	7
融资渠道情况	0.15	5	2
租金	0.10	10	15
合计	1.00		

4.某体育用品生产厂家有5个销售店，为节约运输成本，公司拟建一配送中心，5个销售店所在

的地理位置及每日的运量如表6-10所示，试为该厂确定配送中心的位置。

表6-10 某体育用品生产厂家拟建一配送中心

销售店	地理位置（X,Y）	每日的运量
1	9,3	30
2	2,4	20
3	6,8	40
4	1,4	10
5	3,6	15

5.某体育培训学校拟在某一地区设两个培训中心为四个地区提供服务，假设考虑的地点为市中心，每个地区分布均匀，每年参加培训的人数及权重如表6-11所示，现请确定两个培训中心的位置，保证为四个地区服务的费用最低或移动距离最短。

表6-11 某体育培训学校拟在某一地区设两个培训中心

地区	从市中心到服务地区的距离（公里）				地区人数	权重
	地区1	地区2	地区3	地区4		
地区1	0	15	12	16	20 000	1.1
地区2	15	0	14	11	10 000	1.3
地区3	12	14	0	13	30 000	1.0
地区4	16	11	13	0	18 000	0.9

6.试分析影响设施布置的因素有哪些。

7.试说明设施布置的类型有哪些。

8.试说明设施布置的方法有哪些。

9.某健身俱乐部拟布置服务设施。该俱乐部有五个部门，各部门之间关系密切程度如表6-12所示。为了便于分析，我们将定性分析转为定量分析方法，赋予A为8、E为7、I为6、O为5、U为4、X为3，按照2×3的范围安排这五个部门。

表6-12 某健身俱乐部拟布置服务设施

	部门1	部门2	部门3	部门4	部门5
部门1		U	E	I	U
部门2	U		O	O	U
部门3	E	O		A	O
部门4	I	O	A		U
部门5	U	U	O	U	

10.某俱乐部有六个主要部门，分别是餐厅、办公室、游泳池、健身房、更衣室和棋牌室，请自己设计并画图说明各部门关系密切程度，并赋予A为20、E为10、I为5、O为3、U为0、

X为-5，权重最大的优先安排，其他部门根据其权重大小来合理安排布局，请将该俱乐部的平面设置布置图画出来。

【案例分析】

奥运场馆选址北城

奥运场馆的选址方案有十几个，后期聚焦在南城方案（选在东南四环与京津塘高速路东南角或者亦庄）和北城方案（选在亚运村西北角和中轴路）两个方案上。经过反复论证，2000年最终定为北城方案，决定将奥运村建在奥林匹克公园内。2008年奥运会需要的37个比赛场馆中有32个比赛场馆在北京，5个在其他城市。根据北京奥申委的设计规划（即北城方案），北京现有场馆13个，全部需要改建，计划兴建11个，专为奥运会兴建8个。这些场馆分布于一个中心区（奥林匹克公园）和三个分区（北部风景旅游区、大学区和西部社区）。

按照国际奥委会的要求：运动员从运动员村出发到最远的比赛场馆，车程不能超过30分钟。在北京规划的奥运场馆中，顺义奥林匹克水上公园和赛马场这两个北部风景区的场馆位置是既定的。如果要符合30分钟要求，就必须保证各场馆到北部风景区最长距离车程时间符合要求；但是驱车从南城到达顺义奥林匹克水上公园30分钟远远不够。在北城方案中，奥运场馆中心区和三个分区设在了四环路和长安街沿线上。这样，北城奥林匹克公园内的场馆可以步行到达；公园外的场馆中，有10个在20分钟的行车路程内，其他8个在30分钟的行车路程内。从中心区到三个分区的距离分别为3公里、10公里和28公里。最远处用时可以控制在28分钟。奥运村与比赛场馆之间由城市快速路、高速公路及其连接线组成奥运会交通环。这些线路将设置奥运专用道；在奥运村的主入口旁，将开辟面积达5000平方米的车站，在这里至少有36条奥运村专线到达比赛、训练场馆和主新闻中心、国际广播电视中心、国际奥委会总部饭店、机场等其他重要场所。

北城具有良好的基础设施优势。饭店、医院、练习场馆基本上在北边。实施南城方案要比北城方案投资多3倍。奥林匹克公园北部的一个占地760公顷的超级奥林匹克森林公园已经基本形成了，在南城兴建场馆需要从零开始，必然闲置原有资源。另外，北辰集团已将四环以北的地都买断，浪费太大。北京环境科学研究院对奥运村的选址进行了环境评价，认为该用地十分适合奥运村的建设。该评价得到了北京市环境保护局的认可。南城方案所在地处于北京城的污水下游，北京化工厂二厂等一些工业已经造成南城土地一定程度的污染，如果选上南城这个基础设施相对差的位置，无法与法国巴黎、日本大阪、加拿大多伦多相比。据北京奥申委有关官员介绍，场馆规划设计基本符合要求，满意率达75%。前来考察的国际单项体育组织的官员，有的要求非常细致，经过沟通和协商，最后取得共识。他们普遍认为北京的交通令人满意，环境比较好。

选址北城可以使一些比赛项目安排在市区，方便市民参与比赛，尤其是马拉松比赛，在紫禁城安排起点，在奥林匹克公园内的国家体育场设终点，运动员像是穿越了一条历史长廊，结合古代东方文化和现代奥林匹克运动。采用北城方案，可将南城方案场馆兴建资金投入到北城方案原有场馆的科技化改造。在改造13个场馆时充分展现"绿色奥运和科技奥运"，奥林匹克公园既靠近市中心，又靠近体育场馆，有高质量的市政设施和环境，对私人投资有吸引力，利于赛后销售。奥林匹克公园赛后将成为北京最大的综合社区，其功能集商贸、办公、展览、体育、博览和休闲于一体，是新世纪初首都城市建设的标志。奥林匹克公园紧邻中关村科技园区，与中关村科技园形成互补格局，有望吸引大批诸如信息技术、电子技术的高科技人才的生活聚集区。

奥运会后，奥运村将作为居住社区长期使用。接待过1.7万名运动员和随队官员的公寓在奥运会后以商品住宅出售；服务人员休息区将成为住户的公用空间；西部餐厅改造后成为社区的娱乐休闲中心，代表团的储藏间、服务人员用房恢复为地下停车库；东部餐厅、娱乐中心、购物中心、后勤服务中心作为国际展览中心的附属用房；综合诊所改造后作为幼儿园；运动员锻炼区改造为学校。可见，选址北城拉动了全市的经济。

资料来源：人民网资料整理 2008

讨论问题：结合案例试阐述奥运场馆为何选址北城。

第七章

项目管理

【本章提要】

本章在阐述了项目管理的概念、主要内容和项目计划方法的基础上，重点讨论项目组织结构形式的优缺点、网络图的绘制方法和网络参数的计算及网络优化方法，以解决企业遇到的实际问题。

【名词解释】

1.项目管理就是指在既定的目标下，在规定时间、成本和质量要求的范围内，运用系统的观点、方法和理论，从项目的投资决策开始到项目结束进行计划、组织、领导、控制和评价，对既定的有限资源实现优化配置的一种系统的管理方法。

2.关键日期法是一种比较简单的进度计划方法。这种方法只需要列出项目进度中关键活动日期。

3.甘特图法（甘特图又称"条形图"或"横道图"），是一种常用的项目进度计划方法，这种方法简单直观，在图中用线条表示活动时间的逻辑关系。

4.网络计划方法是用网络图和计算时间参数的形式来表示项目活动之间进度关系的一种有效的项目进程控制方法。

【引导案例】

节俭办大综型体育赛事难

随着北京奥运会的成功，中国承接了大量国际综合性大赛或者是达到单项世界最高级别的锦标赛，一些固有的全国性大赛，其办赛规模日趋庞大。根据国家体育总局官方资料，2010年，我国共承办国际级大小赛事350项、国家级别的赛事658项。2011年，国家级赛事超过900项，国际级比赛则超过300项。2012年有超过1200个项目在全国各地上演。根据统计，在今年举行的焦点赛事中，在贵州的全国民运会，安排了历时18天、行程约2400公里的火炬传递仪式，为赛事新建了总造价

8.82亿元的贵阳奥体中心，并举办了开幕式、闭幕式演出。南昌城运会，进行了为期11天、在11个地级市进行的火炬传递，新建了10座场馆，其中主赛场南昌国际体育中心造价12亿元，同样进行了开幕式、闭幕式演出。在杭州举办的全国残运会，在浙江10个区市进行了19天的火炬传递，新建场馆3个。在上海举办游泳世锦赛前，共斥资20亿元兴建了包括游泳馆、跳水馆、花泳水球馆等场馆。而2012年亚洲沙滩运动会、2013年东亚运动会、2014年青奥会，这三项赛事都是亚洲高级别的大赛，还有国内大型综合性常规赛事，如在贵州举办的全国少数民族运动会、杭州举办的全国残疾人运动会、在南昌举办的全国城市运动会，以及全国冬运会、全国大学生运动会和全国农民运动会，这些赛事规模大，参与人数多，需要动用多座场馆，在几个城市举行，时间更长，不少赛事配有火炬传递和开幕式、闭幕式表演等活动，其办赛规模越来越大。在国内，各项国家级赛事有增无减。当时的初衷是为了促进城市体育后备力量发展，鼓励更多城市的青少年加入体育训练行列。现在很多体育赛事都以"节俭办赛"为宣传口号，但究竟何为"节俭办赛"、谁来衡量"节俭办赛"，却始终没有规范化的指标。国外的情况却有些不同，如2006年德国足球世界杯，开幕式13分钟；南非世界杯，开幕式半个小时，演出人员1500多人。而几乎和南非世界杯同期举行的某省运动会，开幕式70分钟，演出人员5700多人。伦敦奥运会，火炬传递除了按照惯例必须在希腊传递外，仅在英国国内传递，纯粹从国土面积看，与我国很多运动会在省内传递火炬的规模不相上下。相比之下，我国体育赛事需要重新思考"节俭办赛"的内涵了。

2022年北京冬奥会进入节俭办奥的新高度。在整个办奥的过程中始终贯穿着节俭节省这一世界价值和中国传统美德，包括冬奥会开幕式、闭幕式。北京冬奥组委对筹备奥运会的各个方面都提出了勤俭节约的具体要求，如印发倡议书、节约就餐、光盘行动等，严密防范公车私用、私车公养等问题，制定了各项规章制度，坚决避免"车轮上的铺张"。在物资设施的优化利用上，冬奥赛事举办期间，改造于首都钢铁厂的冷却塔，奥运结束后就地转为创意园区，推动奥运遗产利用。水立方变成"冰立方"，鸟巢举办冬奥会开幕式、闭幕式。2008年北京奥运会场馆设施得到重复利用、高效使用。张家口赛区对云顶滑雪场等设施进行了改造利用，最大限度避免重复投入带来的浪费，原有设施一经改造，就变成了自由式滑雪和单板滑雪的比赛场馆，赛后又回归社会，让人们亲身感受奥运赛场的风采。"能借不租，能租不买"的理念，极大地节省了物资采购成本，践行着"节俭办奥、廉洁办奥"的理念。回顾整个北京冬奥会，节省节俭的理念贯穿着整体规划、场馆等大项目建设，还落实到具体的细节之处。

在举办大型运动会中，最大的支出不是开幕式、闭幕式，也不是火炬传递，而是场馆的兴建。现在很多城市，市区已经饱和，要建新的体育场馆都选在偏远的郊区，虽然在百分比上看似提高了市民的体育场馆占有率，但是能否真正让市民方便使用？而修建一座大型场馆的资金，足以在市区内修建大批小规模的全民健身中心，如果单纯从提高城市的体育设施水平和利用率来说，后者是否更为合理？

第一节　项目及项目管理

一、项目管理发展历史

项目管理最早起源于美国，是第二次世界大战后期发展起来的。在 20 世纪 40、50 年代，项目管理的应用范围只局限于建筑、国防和航天等少数领域，由于项目管理在美国的阿波罗登月项目中取得巨大成功，国际上许多人开始对项目管理产生了浓厚的兴趣，并逐渐形成了两大项目管理的研究体系：一个是以欧洲为首的体系——国际项目管理协会（IPMA）；另一个是以美国为首的体系——美国项目管理协会（PMI）。这两大体系为推动国际项目管理现代化发挥了积极的作用。20 世纪 50 年代，华罗庚教授将项目管理引进中国，并于 1991 年 6 月成立中国项目管理研究委员会。

项目管理发展史研究专家以 20 世纪 80 年代为界将项目管理划分为两个阶段，即传统项目管理和现代项目管理。随着信息技术与高新技术的发展，传统的项目管理方法已无法应对，由强调事物的独特性取代了预测能力和重复性活动。由于项目管理是实现柔性管理的最有效手段，使得许多企业广泛将其应用到企业的生产和服务中。如产品创新、软件系统开发、单件生产；如 2008 年北京夏季奥运会就采用了项目管理的方法，取得了较好的效果。

目前国内对项目管理认识较深，并要求项目管理人员需要拥有相应资格认证才能服务于大的跨国公司、IT 公司等与国际接轨的企业。目前国际上比较认可的项目管理认证体系主要有 IPMP 和 PMP 两大类。IPMP 即国际项目管理专业资质认证（International Project Management Professional）的简称，是国际项目管理协会（International Project Management Association，简称 IPMA）在全球推行的四级项目管理专业资质认证体系的总称。PMP 即由美国项目管理协会 Project Management Institute(PMI)发起的，具有全球最权威的认证考试。目前，美国项目管理协会建立的认证考试有 PMP（项目管理师）和 CAPM（项目管理助理师）已在全世界 130 多个国家和地区设立了认证考试机构。

二、项目的概念及特点

（一）项目的概念

项目是指在规定的时间、预算、资源范围内，由专门组织起来的人员共同完成的一系列有明确目标的相关性工作或任务。项目参数包括项目范围、质量、成本、时间、资源。

(二) 项目的特点

1.一次性

项目有明确的起点和终点，没有可以完全照搬的先例，也不会有完全相同的复制，每个项目都是由一系列相关性工作或任务组成的，但这一系列相关性工作或任务常被认为是一次性事件，每个项目都有其自身的特殊性。

2.时限性

每个项目都有一个基本的时间进度安排和一个具体完成工作或任务的期限。

3.整体性与系统性

项目的完成依赖于团队的合作，是一系列活动的有机组合。项目中的一切活动都是相关联的，构成一个系统。

4.多目标性

多目标性具体表现为：一是时间性目标，如在规定的时段内或规定的时点之前完成；二是成果性目标，如最终提供某种规定的产品或服务；是约束性目标，如不超过规定的资源限制；四是其他需满足的目标，包括必须满足的要求和尽量满足的要求。

5.组织的临时性和开放性

项目班子在项目的全过程中，其人数、成员和职责是不断变化的。参与项目的组织是临时性的，通过协议或合同以及其他的社会关系组织到一起，在项目的不同时段不同程度地介入项目活动。项目结束组织自然解散。

6.成果的不可挽回性

项目在一定条件下进行，一旦失败便将永远失去了重新进行原项目的机会，具有较大风险性。

7.生产周期性

每个项目都有其生产周期，大致分为项目的启动阶段、项目的规划阶段、项目的实施和交付阶段，如图7-1所示。项目的启动阶段的主要任务是对项目进行整体框架构思，对项目进行可行性分析，明确项目的目标和组织结构形式；项目

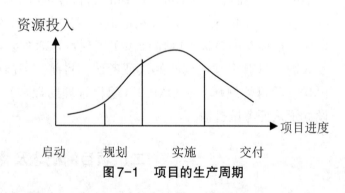

图7-1 项目的生产周期

的规划阶段主要是按照既定的实施方案，对项目工作进行分解，评估实施项目所需的资源、成本、时间和人员，制定出项目进度规划；项目的实施阶段主要任务是实

行既定的进度安排，并对项目的实施过程进行监控；项目的交付阶段的主要任务是对项目进行竣工验收、移交、评估和总结。

三、项目管理概念与内容

（一）项目管理概念

项目管理就是指在既定的目标下，在规定时间、成本和质量要求的范围内，运用系统的观点、方法和理论，从项目的投资决策开始到项目结束进行计划、组织、领导、控制和评价，对既定的有限资源实现优化配置的一种系统的管理方法。如体育赛事管理就是典型的项目管理，因为项目通常是独一无二或不可复制的，必将受到资金、时间、特定环境等资源的局限，如果有限的资源不能得到合理的配置和优化，极有可能无法达成目标，甚至导致项目的最终失败，而体育赛事也存在因组织不力或不可抗力等原因导致赛事无法如期进行、出现重大赛事安全事故、办赛亏损等问题。为此，运用项目管理知识进行体育赛事管理成为体育学界研究的热点问题。

（二）项目管理的主要目标

1.质量
"百年大计，质量第一"，质量是项目管理的生命。项目的质量管理必须贯穿于项目的全过程，并融入全体成员中。

2.费用
费用是指控制项目的生命周期费用，主要包括研制费、建设费和运行（使用）费三大部分，通常这三部分费用的比例大致为1：3：6。

3.进度
项目管理者的任务就是以项目的完工期限为目标，通过控制各项活动的进度，确保整个工程按期完成（见图7-2）。

图7-2　项目管理的三角形

（三）项目管理的主要内容

项目管理的内容主要包括：项目的选择、组织结构的选择、主要采取的工具方法（工作结构分解、网络图、甘特图），具体为：

1.项目的选择
由于项目是独特的、一次性的运作，要求在规定时间范围内完成的一系列目标，如奥运场馆的建设、体育产品生产公司的合并、策划一场体育赛事、体育产品和服务的设计与开发等，不同的项目在运作时考虑的因素是不同的，项目经理需要对项目进行选择和规划，以不同项目的运作模式对其进行管理。

2.组织结构的选择

项目经理需要确定项目的组织结构形式，明确组织的责任关系，任命一位协调人，便于组织管理。

3.主要采取的工具方法

这里主要是对总项目进行工作结构分解、采用可视化工具——网络图来估计项目持续的时间，识别完成主要项目的关键步骤和时差，并采用甘特图来计划和监控各作业的运行。

（四）项目管理的职能

1.项目管理的计划

项目计划的任务就是按照既定的目标，对项目进行工作分解，并采用书面报告的形式，确定出实施项目所需的资源、成本、时间和人员，并制定出项目进度规划，包括具体的费用、质量管理、组织、资源和风险管理规划等，保证项目在规定的时间范围内完成。

项目的工作分解是指明确项目任务的层次结构，一个项目可以分解为多个层次的子任务和工作包。如图7-3所示。

图中，最上方的长方形代表总项目；中间的长方形代表子项目；最下面的长方形代表工作包。

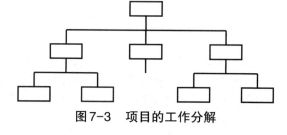

图7-3　项目的工作分解

2.项目管理的组织

每个项目的施行都需要由专门的组织团队构成，这专门的组织团队的结构和管理成为项目管理的重要内容。一般项目管理的组织形式有纯项目式、职能式和矩阵式三种结构形式。

纯项目式组织结构是由一个装备齐全的项目小组负责该项目的全部工作。通常，它是按照项目来划分工作小组，每个小组负责一个子项目，项目结束后项目成员便解散。其优点是每个项目都有一个项目经理，项目经理对所负责的项目拥有全部决策权。由于该种组织结构形式目标单一明确，便于对项目的进度、组织管理、质量控制，项目成员的团队合作较好。但这种组织方法也存在缺点，每个项目都需要设置相同的职能部门，导致资源的重复配置，设备和人员不能共享。项目成员的合作具有临时性，使项目组成员缺乏安全感。该组织形式适合于项目数量不多、周期长、任务独特的大型项目。此种形式类似于工业生产对象专业化的生产组织形式，如图7-4所示。

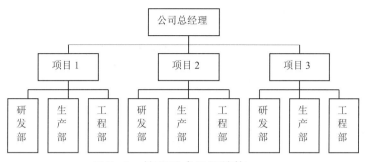

图7-4 纯项目式组织结构

职能式组织结构是按照职能划分，每个职能部门负责多个项目。本部门的资源和业务管理较方便，但不同部门之间的沟通将很困难。这种组织结构形式适用于项目比较多、计算重复性较强、规模较小的项目。该组织结构形式类似于工艺专业化的生产组织形式。如图7-5所示。

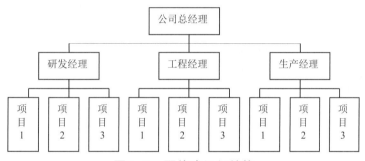

图7-5 职能式组织结构

矩阵式组织结构结合了前两者组织结构形式。它的优点是发挥出职能管理和纯项目管理的优势，不仅使资源得到充分的利用，而且使每个项目都有专业负责人管理，每个项目成员的专业化分工明确，增强了不同职能部门之间的联系。缺点是每个项目成员受职能主管和项目经理的双重领导，项目的协调工作比较困难。当资源短缺时，项目经理之间容易产生矛盾。这种组织结构形式适合于项目数目较少、技术比较复杂、需要多个职能部门合作的项目，如图7-6所示。

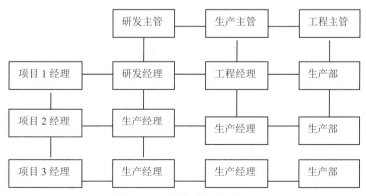

图7-6 矩阵式组织结构

【小资料】

表7-1　北京奥运会组织资源配置表

组织名称	组织属性	组织构成	组织职能	组织作用	配置效果评价
国际奥委会（IOC）执行委员会	赛事主办方的最高权力机构	成员主要来自国际奥委会、各国家奥委会、国际单项体育协会	主要涉及申办承诺的变更、比赛项目的确定、比赛场馆的调整、市场开发权限和利益的认定	IOC及北京奥运会重大事项的决策	办赛方与其委员应保持良好沟通，获取政策支持
国际奥委会北京奥运会协调委员会	主办方驻北京的权力执行、委托机构	成员来自国际奥委会及其专项委员会、国际单项体育协会	国际奥委会执委会决议的执行，履行其委托责任，监督和指导北京奥组委的筹备工作，协调北京奥组委与IOC及其专项委员会的关系	IOC重大决策的执行，与北京奥组委的协调、监督	办赛方与其加强合作并保持良好关系，获取指导及政策支持
北京奥组委执行委员会	赛事承办方的最高权力机构	成员来自国务院、北京市人民政府相关职能部门、国家体育总局	北京奥组委筹备运行计划、资金计划、人事任免、市场开发、重大活动和大政方针的制定	北京奥组委重大事项的制定和决策	其委员构成涵盖了赛事组织的主要方面
北京奥运会协调委员会	办赛方非常设、临时性事务协调组织	成员由国务院、北京市人民政府各相关职能部门组成	主要协调北京奥组委与国务院、北京市人民政府各职能部门的关系，协助处理阻碍奥组委工作的棘手问题	北京奥组委重大事项的协调、协助和促进	为协调、支持奥组委的筹备组织工作，发挥了极大的促进作用

资料来源：重庆机关党建新闻 2010

四、项目计划方法

项目进度计划的目的是规定项目活动的时间安排，保证项目严格按照规定的时间完成，保证资源的优化配置，降低成本。项目的进度计划安排的采用方法有关键日期法、甘特图法和网络计划法。

（一）关键日期法

关键日期法是一种比较简单的进度计划方法。这种方法只需要列出项目进度中关键活动日期，如表7-2所示。

表7-2　项目作业明细表

作业代号	作业名称	作业时间/天	紧前工作	时差
A	选址	10	-	0
B	工程施工	15	A	0
C	设施安装	10	A	2
D	器械布置	2	C	2
E	器械安装	1	D	2
F	开店	2	B、E	0

（二）甘特图法

甘特图法是一种常用的项目进度计划方法，这种方法简单直观，在图中用线条表示活动时间的逻辑关系，如表7-3所示。

表7-3　甘特图法

活动\日期	2	4	6	8	10	12	14	16
选址	███████████████████████							
工程施工	██████████████████████████████							
设施安装	███████████████████████							
器械布置						████		
器械安装							═══	
开店							████	

（三）网络计划法

网络计划法是用网络图和计算时间参数的形式来表示项目活动之间进度关系的一种有效的项目进程控制方法。与甘特图法相比较，网络计划法能够将项目活动的整体逻辑关系的关键路线清晰地反映出来，可以对项目进行整体优化，因此，该种方法在项目管理中应用范围较广。

第二节　网络计划法

一、网络计划法起源

从1956年起，美国就有一些数学家和工程师开始探讨网络计划方面的问题。

1957年,美国杜邦化学公司首次采用了一种新的计划管理方法,即关键路线法(Critical Path Method,CPM),公司第一年就节约了100多万美元。1958年,美国海军武器局特别规划室在研制北极星导弹潜艇时,应用了被称为"计划评审技术(Program Evaluation and Review Technique,PERT)"的计划方法,使北极星导弹潜艇比预定计划提前两年完成。CPM和PERT是独立发展起来的计划方法,在具体做法上有不同之处:CPM假定每一活动的时间是确定的,而PERT的活动时间基于概率估计;CPM不仅考虑活动时间,也考虑活动费用及费用和时间的权衡,而PERT则较少考虑费用问题;CPM采用结点型网络图,PERT采用箭线型网络图。但两者所依据的原理基本相同,都是通过网络形式表达某个项目计划中各项具体活动的逻辑关系,目前称其为"网络计划技术"。

二、网络图的构成

网络图的构成由活动(箭线)、事项(结点)和路线(线路)组成。如图7-7所示。

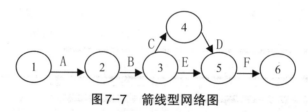

图7-7　箭线型网络图

(一)活动

活动是指一项具体工作(作业或工序),它需要一定的资源消耗才能完成。在网络图中用箭线来表示。箭线表示一项活动的作业过程,其中箭尾表示活动的开始,箭头表示活动的结束,实箭线表示实际的活动,表示发生时间和资源上的消耗,用"→"表示。虚箭线表示虚的活动,没有发生时间和资源上的消耗。

(二)事项(事件)

一项事件活动的开始和结束,又叫结点(节点),其表示方法用"O"表示,有双重含义,表示前一事项活动的结束后一项事件的开始,有连续性和直观性。在网络图中,第一个事项叫始点,最后一个事项叫作终点,其余事项为中间事项。

(三)路线

路线是指从网络的始点事项开始到事项的终点所经过的路线,路线中各项活动的作业时间之和为线路需要的时间。网络图由许多路线构成,其中最长的路线叫作关键路线,其关键路线上的工序叫关键工序,关键路线一般用双实线或加粗线表示。

三、网络图绘制的基本原则和要求

网络计划技术主要是用来编制项目生产计划和工程进度计划。网络图须正确地表达整个工程的工艺流程和各工作开展的先后顺序以及它们之间的相互关系。因此，在绘制网络图时需要遵循一定的基本原则和要求：

一是在网络图中不允许出现循环回路，前线方向一律指向右边，否则将使组成回路的工序永远不能结束，工程永远不能完工。

二是在网络图中不允许出现重复编号的箭，两个结点之间只允许画一条箭线。

三是网络图中的结点编号要保证使每一项活动的箭头结点号大于箭尾结点号。编号采用非连续编号法，这样可以为结点增减变化做准备，避免局部改动导致整个网络图编号的变动。

四是在网络图中不允许出现没有开始节点的工作，网络始点起经由任何箭线都可以达到网络终点。除网络结点、终点外，其他各结点的前后都有箭线连接，不能有缺口，否则将使某些作业失去与其紧后（或紧前）作业应有的联系。

五是为表示工程的开始和结束，在网络图中只能有一个始点和一个终点。当工程开始时有几个工序平行作业，或在几个工序结束后完工，用一个网络始点、一个网络终点表示。若这些工序不能用一个始点或一个终点表示时，可用虚工序把它们与始点或终点连接起来。

六是根据网络图中有关作业之间的相互关系，可以将作业划分为紧前作业、紧后作业、平行作业和交叉作业。紧前作业是指紧接在该作业之前的作业，紧前作业不结束，则该作业不能开始；紧后作业是指紧接在该作业之后的作业，该作业不结束，紧后作业不能开始；平行作业是指能与该作业同时开始的作业；交叉作业是指能与该作业相互交替进行的作业。

此外，绘制网络图应注意的问题：

一是网络图的布局要条理清楚、重点突出，尽量将关键工作和关键线路布置在网络图的中心位置，将密切相连的工作尽量安排在一起，多采用水平箭线，尽可能避免交叉箭线出现。

二是当网络图中的工作数目很多时，可以将其分解为几个部分来绘制。

四、应用网络计划技术的步骤

网络计划技术的应用主要遵循以下几个步骤：

（一）确定目标

确定目标是指决定将网络计划技术应用于哪一个工程项目，并提出对工程项目和有关技术经济指标的具体要求。依据企业现有的管理基础，收集整理各方面的信息和情况，利用网络计划技术为实现工程项目寻求最佳方案。

（二）分解工程项目，列出作业明细表

1. 工作分解

一个工程项目是由许多作业组成的，在绘制网络图前将项目分解成各子项作业。如项目、项目中的任务；任务中的子任务；子任务中的作业或工作包等。一般来讲，作业所包含的内容多、范围大，可分粗些，反之细些。作业项目分得细，网络图的结点和箭线就多。网络图绘制得粗主要是通观全局、分析矛盾、掌握关键、协调工作，便于进行领导决策；网络图绘制得细是便于基层单位工作的具体组织和指导工作。

2. 编制作业清单

首先，确定作业之间的关系。在工程项目分解成作业的基础上，要进行作业分析，便于明确先行作业、平行作业和后续作业。即在该作业开始前，哪些作业必须先期完成，哪些作业可以同时平行地进行，哪些作业必须后期完成；或者在该作业进行的过程中，哪些作业可以与之平行交叉地进行。其次，作业时间估算。在划分作业项目后便可计算和确定作业时间。一般采用单一时间估计法（又叫"单点估计法"）或三点估计法，然后一并填入明细表中。

（三）绘制网络图

绘制网络图主要有箭线型和结点型两种方法。结点型和箭线型在不同的网络图形中有不同的含义。在结点型网络图中，结点表示工作，箭线表示关系；而在箭线型网络图中，箭线表示工作及走向，结点表示工作的开始和结束。线路是指从起点到节点的一条通路，工期最长的一条线路称为"关键线路"，关键线路上工作的时间必须保证，否则会出现工期的延误。

箭线型网络图是用一个箭线表示一项活动，活动名称写在箭线上。箭尾表示活动的开始，箭头表示活动的结束，箭头和箭尾标上圆圈并编上号码，用前后两个圆圈中的编号来代表这些活动的名称，如图7-8所示。

图7-8　结点型与箭线型网络图

结点型网络图是用一个圆圈代表一项活动，并将活动名称写在圆圈中。结点型网络图只有一个起始结点和一个终止结点。如果有多个起始结点需要增加一个"虚"的起始作业，项目中的作业是该"虚"作业的紧后作业；如果有多个终结点需要增加一个"虚"的结束作业，项目中的所有作业是该"虚"作业的紧前作业。这个"虚"的作业表示相关活动之间的顺序，不具有其他意义。

（四）计算网络时间，确定关键路线

根据网络图和各项活动的作业时间，就可以计算出全部网络时间和时差，并确定关键线路。对于结点型网络图，需要计算出每个作业的两种开始和结束时间。

（五）网络计划方案的优化

为减少成本、优化资源配置、加快项目的进度，需要对网络图进行优化。这其中包括时间优化、时间—成本优化和时间—资源优化。通过优化，择取最优方案。然后正式绘制网络图，编制进度表等文件。

（六）网络计划的实施与控制

网络计划的实施就是要通过采取切实有效的监督、管理与控制措施，保证计划任务的执行和完成。在应用电子计算机的情况下，可利用计算机对网络计划的执行进行监督、控制和调整。目前采用项目管理软件可以输出各种报告和图表。

第三节 网络参数的计算与优化

网络计划的核心是安排各活动的时间，确定关键路线，然后优化网络计划。网络参数的计算包括：各项作业的时间、结点的最早开始时间和最早结束时间、最迟开始时间和最迟结束时间、时差和关键路线。

一、作业时间

在划分作业项目后便可计算和确定作业时间。一般采用单一时间估计法（又叫"单点估计法"）或三点估计法，然后一并填入明细表中。如下表7-4所示。

表7-4 项目作业明细表

作业代号	作业名称	作业时间/天	紧前工作	时差
A	选址	10	—	0
B	工程施工	15	A	0
C	设施安装	10	A	2
D	器械布置	2	C	2
E	器械安装	1	D	2
F	开店	2	B、E	0

（一）单一时间估计法

单一时间估计法就是用一个时间变量来表示作业的时间。作业时间采用类比法、定额法和计算法确定。这种方法适用于完成活动的各有关因素确定的情况。

（二）三点估计法

三点估计法就是用三种时间参数来确定一个作业时间。这三种时间分为最乐观时间、最悲观时间和正常时间。最乐观时间是指在最有利的时间条件下完成一项作业的时间，用 α 表示；最悲观时间是指在最不利的条件下完成一项作业的时间，用 b 表示；在正常作业条件下完成一项作业的时间，用 m 表示。

用三点估计法确定时间值时，需要对设备、人员、组织及技术条件等因素进行综合分析后，计算出平均作业时间。

根据统计规律，正常作业条件下完成一项作业时间所需的时间 m 将是最乐观 α 和最悲观 b 状态的两倍，则最乐观 α 和最悲观 b 的加权平均值为（α+2m）/3；同样，b 与 m 的加权平均值为（2m+b）/3。此两值在期望作业时间中又各以 1/2 的可能性出现，则作业时间 T 期望值的加权平均值计算公式为：T=(α+4m+b)/6

由于作业时间受到多种因素的影响，可用方差反映作业时间概率的离散程度，其计算公式为：

$$方差6^2 = (\frac{b-\alpha}{6})^2$$

$$标准差6 = (b-\alpha)/6$$

其中，6 的数值越大，表明作业时间概率的分布的离散程度越大，平均作业时间 T 代表性就越差，由此，可得出整个任务按照规定日期完成的可能性。

这种方法适用于无先例可循、不可控制因素较多的项目。在实际计算中，用这三种时间参数表示作业时间，需要计算出作业的期望值和方差。

二、结点的时间

结点时间分为结点的最早开始时间和最早结束时间、最迟开始时间和最迟结束时间，为方便计算，可采用方形图或圆形图的形式，如图7-9所示。

ES	N	EF
ST		ST
LS	T	LF

表中：ES—最早开始时间；　EF—最早结束时间；
　　　LS—最迟开始时间；　LF—最迟结束时间；
　　　N—作业名称；　　　T—作业持续时间；
　　　ST—时差

图7-9　作业时间表示方法

（一）ES和EF

ES结点的最早开始时间是指从该点开始的各项活动最早可能开始进行的时间，它从网络图的始点事项开始计算，即指所有紧前活动都完成，作业最早开始的时间。

始点事项的最早开始时间规定为零，顺着网络图的结点从小到大的编号，自左向右来确定其他结点的最早开始时间。如果某项目有具体规定的开工时间，始点的最早开始时间就等于规定的开工时间。

ES结点最早开始时间的计算公式为：

（1）当进入结点的箭线只有一条时，则结点的最早开始时间ES就是紧前作业的最早结束时间。

（2）当进入结点的箭线有多条时，则结点的最早开始时间是所有紧前作业的最早结束时间的最大值，这是因为在此时间之前，该结点事项是不能开始的。

$$ES = \max\{所有紧前作业的EF\}$$

EF结点的最早结束时间是指作业最早可以完成的时间，是该作业的最早开始时间与持续时间之和，即：

$$EF = ES + 作业持续时间$$

（二）LS和LF

LS和LF的计算可以采用"逆推"的方式，即从项目网络图的终点向前推，从右向左进行计算，直到开始结点为止。整个项目的最迟结束时间是它的最迟开始时间。

LF结点最迟结束时间是指为结束各项活动最迟必须完工的时间。如果某事项作业只有一个紧后作业，则它的最迟结束时间是其所有紧后作业的最迟开始时间；如果某项作业有多项紧后作业，则它的最迟结束时间是其所有紧后作业的最迟开始时间中的最小值，即：

$$LF = \min\{所有紧后作业的LS\}$$

最迟开始时间LS是指在不推迟整个项目工期的前提下作业最迟的开始时间，是其最迟结束时间与该作业持续时间之差，即：

$$LS = LF - 作业持续时间$$

【例7-1】撰写一份体育市场调研报告，其作业内容如表7-5所示，试求出ES、EF和LS、LF的值。

表7-5　撰写一份体育市场调研报告

作业代号	作业名称	作业时间/天	紧前工作
A	市场调研	2	—

作业代号	作业名称	作业时间/天	紧前工作
B	收集数据	3	A
C	网上收集	2	A
D	撰写报告	5	B 和 D

解得ES和EF：

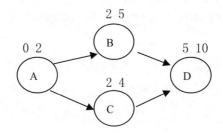

解得LS和LF：

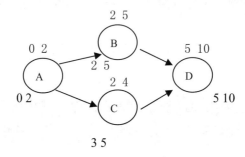

三、关键路线和时差

（一）关键路线

关键路线是整个项目中消耗时间最长的路线，在网络图中总时差为零的各项活动的连线为关键路线，缩短或延长关键路线上的作业的持续时间会缩短或延长整个项目的工期。

关键路线的确定有不同的方法，最直接的方法就是将项目中各路线的时间计算出来，然后进行比较，选择最长的路线。另一种方法是计算各作业的时差，时差为零的所有作业组成的路线即为关键路线。

关键路线上的各项作业时间之和构成项目的工期。若要缩短项目的工期就需要考虑采取压缩关键路线上的各项活动的作业时间。

（二）时差

时差ST是指在不推迟整个项目工期的前提下项目作业的机动时间。时差又称为

"富余时间"或"缓冲时间"。计算和利用时差是网络计划技术中的一个重要问题，它能够为计划进度的安排提供富余的时间。可以利用时差求得计划安排和资源配置的合理方案，也可以利用时差决定网络图中关键路线的依据。时差的计算公式为：

$$ST = LS - ES 或 ST = LF - EF$$

【例7-2】在某地建一所体育健身俱乐部，其作业的内容如表7-6所示，请求出其关键路线和时差。

表7-6　建一所体育健身俱乐部的作业内容

作业代号	作业名称	作业时间/天	紧前工作	时差
A	选址	10	-	0
B	工程施工	15	A	0
C	设施安装	10	A	2
D	器械布置	2	C	2
E	器械安装	1	D	2
F	开店	2	B、E	0

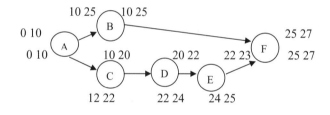

解得：关键路线为 A—C—D—E—F；时差见表7-7。

表7-7　建一所体育健身俱乐部网络参数值

作业代号	作业名称	ES	EF	LS	LF	ST(LS−ES)	是否在关键路线上
A	选址	0	10	0	10	0	是
B	工程施工	10	25	10	25	0	是
C	设施安装	10	20	12	22	2	否
D	器械布置	20	22	22	24	2	否
E	器械安装	22	23	24	25	2	否
F	开店	25	27	25	27	0	是

四、网络时间的调整与优化

网络时间的调整与优化主要包括时间优化、时间—费用优化和时间—资源优化等。

（一）时间优化

时间优化是指在各种资源条件有保证的前提下，寻求缩短项目周期的措施，使项目周期符合目标工期的要求。这种情况适于计划任务较为稳定、目标工期小于关键路线的持续时间。

调整与优化的重点是关键路线，缩短路线持续时间的措施有两种：一是采用新技术、新工艺来缩短作业时间；二是利用时差，从非关键路线上调配各种资源用于关键路线来缩短其作业时间及关键路线的持续时间。

（二）时间—费用优化

时间—费用优化是指以最低的费用来缩短工期。

直接费用是指直接发生在各作业上的费用，如加班费、雇佣费、租赁费等。通常，作业时间越短，直接费用越大。若假设赶工费用与时间费用成线性函数关系，即：

某作业的直接费用变化率=（赶工费用—正常费用）/（正常时间—赶工时间）

项目的总费用是直接费用与间接费用之和。项目的总费用随工期的变化呈凹形。如图7-10所示。

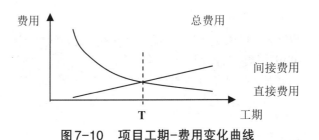

图7-10 项目工期-费用变化曲线

时间—费用优化的优化步骤为：

第一，计算各作业的直接费用变化率，利用现有参数找出网络图中关键路线作业。

第二，若项目只有一条关键路线，则选择直接费用变化率最小且可以赶工的关键作业，并采用压缩工期的方法进行试探，但需要保证压缩后的作业仍保留在关键路线上；若项目有多条关键路线，则从每天关键路线上选择一个直接费用变化率最小的，并且是可以赶工的关键作业，采取压缩其工期进行试探，但需要保证压缩后的作业仍保留在关键路线上。

第三，调整项目网络中的每条路线的工期，计算压缩后的直接费用、间接费用和总费用，直到总项目的费用不再减少时，就得到最小的费用工期。

（三）时间—资源优化

时间—资源优化是指在一定的资源条件下，使项目周期最短，或在一定的时间条件下，使投入的资源量最小。这里的资源是指人力、物力和财力资源。一定的资源条件是指某一时间范围内的资源供应量。各项目作业需要消耗一定量的资源，若在增加资源量的资源情况下，可以加快项目的进度，缩短工期；若减少资源，则项目进度将延长。通常，一个项目在一定时间范围内所得到的资源是有一定限制的，资源利用得好，分配合理、网络计划充分落实，企业才能从中获得好的经济效益。而在实际操作中，网络计划初期的资源需要量与供给量是不平衡的，这就需要对项目的工期和资源的需求状况进行综合分析，合理调整和优化网络计划。

网络计划的时间—资源优化分为两种情况：一是在资源条件一定的条件下，需求最短的工期。另一种是在工期一定的条件下，通过平衡资源，寻求资源与工期的最佳结合。

【复习思考题】

1. 试阐述项目的概念及特点。

2. 试分析项目管理的概念及内容。

3. 试阐述项目管理的职能有哪些。

4. 试分析项目的不同组织结构形式的优缺点有哪些。

5. 试阐述项目计划方法有哪些。

6. 试分析网络图的构成。

7. 试分析绘制网络图的基本原则与要求是什么。

8. 试分析网络计划技术的应用主要遵循哪些步骤。

9. 试阐述分析 ES、EF 和 LS、LF 的概念。

10. 试分析关键路线与时差的含义。

11. 结合表 7-8，某一个项目中的一系列活动、先后顺序关系以及作业时间，试画出网络图，并计算出 ES、EF 和 LS、LF 的值，确定出关键路线。

表 7-8 某一项目的作业内容表

作业名称	A	B	C	D	E	F	G	H	I	J	K
作业时间/天	6	5	3	7	9	6	5	14	3	2	7
紧前工作	-	A	A	BC	D	E	F	F	F	GHI	J

12. 新开设一家体育用品公司，表 7-9 为各项目作业内容，试画出该项目的网络图，计算出 ES、EF 和 LS、LF 及时差，并画出甘特图。

表 7-9 各项目的作业内容表

作业名称	A	B	C	D	E	F	G
作业时间/天	4	3	3	6	5	3	4
紧前工作	-	-	A	B	B	C、D	E、C、D

13. 假设建某一体育用品专卖店，如图 7-11 所示，试计算出各路径的长度，找出关键路线。

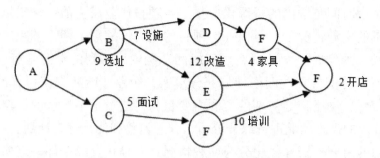

图7-11 某一体育用品专卖店的网络图

【案例分析】

北京奥运会项目管理

奥运会是一个超大规模、涉及子项目种类繁多、各子项目间关联密切、项目干系人众多的组合项目。从规模上看，奥运会涉及的参与人员达到数百万以上。从涉及的子项目看，奥运会将覆盖体育竞赛、国际联络、场馆建设、场馆管理、环境保护、市场开发、票务、技术系统、互联网、安保、交通、注册以及餐饮、住宿、观众服务、医疗服务与兴奋剂控制等运动会服务、开闭幕式与火炬接力、主题文化活动、媒体运行、新闻宣传、教育、人事、财务、采购与物流、法律、保险与风险管理、后勤保障等约40个领域。从子项目之间的关联度看，几乎每一个子项目都与其他子项目有很密切的关联关系。从项目干系人看，除奥组委之外，国际方面包括国际奥委会、国际单项体育组织、各国家和地区奥委会、国际媒体、国际合作伙伴和赞助商，国际观众，国内方面包括主办城市政府、中央和国务院相关部委、协办城市（香港、青岛、上海、沈阳、天津、秦皇岛）、国内合作伙伴和赞助商、国内观众等。所有上述复杂特点全集于奥运会一身，因此可以说奥运会已完全超越体育本身，项目的目标也是多维的，"有特色、高水平"是一个综合评价的标准。

根据奥运会项目群的特点，奥组委以计划为管理手段，强调人员共同编制计划，并以计划为导向解决相互关系问题。可见，计划是整合的、系统的、协作的综合计划。奥运筹办工作的每个阶段性计划都有不同的管理目标与工作重点，如2004年奥组委有十几个职能部门、200多名工作人员，计划工作目标为编制"战略计划"。2006年职能计划转为以场馆化为目标的统筹整合计划，每个职能部门要配备28个竞赛场馆、20个非竞赛场馆，场馆化工作变为职能部门工作模式，从各自为战转为资源整合、进度整合的项目化运作方式。统筹管理方式是项目进度、人员、工作成果管理的必要手段，同时加强计划监督力度、调整计划、整合资源，以保证项目目标的实现。

国际奥委会为确保奥运会组织工作总体一致性，建立一套有效的计划和监督程序，即"通用计划阶段"，它包括2000年总体组织计划（从奥组委的成立，编制组织计划，并在国际奥委会的指导下编制总体工作计划）、战略计划（奥组委的主要目标以及实现目标的战略措施，各职能领域战略计划、各职能领域赛时目标、服务对象及服务水平、运行战略以及资源计划的重要工作时间表）、职能领域运行计划纲要（各职能领域的目标任务、运行机制、工作职责、资源需求、应急措施以及奥组委内部各部门和外部单位的协作关系)、运行计划(职能领域运行计划、示范场馆运行计划和特定场馆运行计划)、测试赛(模拟演练、专项测试以及测试赛)和运行就绪(程序与政策、运行计划、应急计划;人员配备与培训;硬件、办公与临时设施;演练与测试)六个阶段工作。

国际奥委会为北京奥组委提供总体工作指导计划,包含全部筹办工作的重要里程碑大概1200多项,它是各领域编制工作计划、确定工作目标和范围的重要依据,随着筹办工作的进展渐近明细、不断充实完善。奥组委工作计划范围主要包括《北京2008年奥运会总体工作计划》《北京2008年残奥会总体工作计划》《北京奥组委年度重点工作计划》。

1.与国际奥委会协调机制,奥组委定期按照国际奥委会协调委员会监控报告所列工作任务提交执行意见、反映目前工作状态,双方就不对称信息及时进行沟通和调整,对监控结果达成一致意见。

2.奥组委计划监控机制,各部门将月度、季度、年度工作任务执行情况定期按照奥组委监控管理办法进行,形成奥组委计划监控报告,主要反映协作矛盾与问题,及时预警提示。计划执行情况跟踪控制。

3.计划变更(调整)机制,其根本目的是保证如期、按质完成工作任务,在保证计划的刚性、指导性与科学性统一的前提下,可以进行适当调整。属于以下五种情形的任务,经申请可进行调整:(1)由于国际奥委会、国际残奥会、国际单项体育组织等外部原因不得不进行调整的任务;(2)因客观条件不足,虽经努力仍无法如期完成的任务;(3)经与国际奥委会对口部门研究取得一致,且变更后不对其他领域工作造成不利影响的任务;(4)由相关领域工作变更导致调整的任务。计划调整的内容包括计划结构调整、任务量的增、减,任务名称、进度、责任部门、与其他任务间的逻辑关系等。

在大量的项目实践过程中,创建了整合计划管理模型,包括初始计划、梳理分析、图形整合和优化改进四个过程,每四个过程为一次循环,每一次循环就是对初始计划完善的过程,保证计划的科学性和严谨性。该模型在残奥会、火炬接力、运行服务、开闭幕式、文化活动和安保等许多项目群中验证过。这种管理方法产生的管理效果是将管理过程以形象直观的图形方式展现出来,共有概略图、全程控制图、协作网络图三种形式,它使项目实施全过程更加清晰,并加强了项目参与方之间的沟通协作意识,提高了沟通效率。其管理效果主要表现在三个方面,即:统筹全局,决策支持;全程监控,及时预警;接口明确,协作顺畅。

资料来源:科学中国人资料整理 2008

讨论问题:通过案例分析北京奥运会项目管理特点及实践过程。

第八章

体育产品和服务运营能力管理

【本章提要】

当企业制定完竞争策略之后，需要分析企业现有的运营能力能否满足目前及未来的市场需求。本章对运营能力的概念、度量方法、运营能力管理做了阐述，分析了生产能力的概念、种类、核算方法与规划步骤，体育产品和服务的运营能力管理内容、收益管理的概念，适用条件和简单计算方法以及体验经济的内涵与特点，为企业有效地解决需求、产能和资源利用的问题提供了一定的帮助。

【名词解释】

1. 运营能力是指系统在某一特定时间段内生产产品或提供服务的潜在能力。

2. 生产能力是指在一定的时间内，企业全部的生产性固定资产在一定的技术组织条件下，经过综合平衡后所能生产的一定品种和质量的最大数量。

3. 收益管理是通过优化每个细分市场的价格和产能利用，并以合适的价格将有限的供应能力分配给最合适的顾客，以获得最大的收益，解决供需匹配问题。

【引导案例】

英国伦敦奥运场馆

英国伦敦奥运场馆由世界知名的建筑师Zaha Hadid所设计的游泳中心（Aquatics Centre）、自行车馆（Velodrome）、手球馆（Handball Arena）、篮球馆（Basketeball Arena），以及BMX Circuit、曲棍球馆（Hockey Centre）等。奥运村预计将可接待10500名选手。奥林匹克主会场是举世瞩目的场所，伦敦奥运会主会场将建在奥运公园的南部，三面环水。主会场外形下窄上宽，酷似一个汤碗，故被称为"伦敦碗"。开幕式、闭幕式以及主要的田径赛事，都将在这个圆形场地举行。"伦敦碗"的设计颇具创新，将成为奥运建筑史上的一个里程碑。其最独特之处，设计了临时比赛场馆和可拆卸看台，这是前所未有的创新。会场可以容纳8万观众。为了保证奥运会后场地可以继续有效利用，设计人员在建设过程中，把底部的田径场和底层的2.5万个座位放在地平面之下，而上部的5.5万个座位，将在奥运会和残奥会结束后全部被拆除。奥运会结束后，这里将成为社区体育场，用来举办综合性运动会或其他大型活动。"伦敦碗"的设计非常合理，下沉式的碗形设计，让观众能够更近距离地观看运动员的动作。另外，考虑到奥运会比赛时，正处于伦敦比较干燥的两个星期，由绳索支撑的屋顶，半径只有28米，只用来遮盖场馆三分之二的观众，而放弃了全顶房屋设计。经过6个月的研究论证，确认这样的设计不会使赛场内产生强烈的侧风，从而导致世界纪录无效。

资料来源：央视网 2012

第一节 体育产品和服务运营能力概述

一、运营能力的含义与度量

运营能力是指系统在某一特定时间段内生产产品或提供服务的潜在能力。通常我们认为运营能力是系统的最大产出量。实际上，能力很难测量，当企业只生产一种产品或提供一种服务时，其能力可以用这种产品或服务来反映，而当企业生产多种产品或提供多种服务时，采用一种产品或服务的产出作为度量依据是不正确的。因此，运营能力的度量方法是通过投入的可用性来测量，如体育场馆座位或可载人的空间来进行度量。

其实，没有一种运营能力可以适用所有组织情况，运营能力应根据组织的不同情况而定。表8-1列举了不同组织的运营能力度量的方法。

表8-1 不同组织的运营能力度量的方法

组织类型	运营能力的度量方法	
	投入	产出
羽毛球馆	可提供的健身场地数量	每天服务的顾客人数
赛事场馆	可提供的观众座位数量	每周的观众数量
体育用品专卖店	可供商品展示的空间规模	每天实际的收入
健身器械制造	人工小时、机器工作时	每天生产的健身器械量
餐馆	餐桌数、座位数	每天服务顾客的数量
体育培训学校	师资、场地等	每年毕业的学生人数
网球俱乐部	可提供的健身场地数量	每天服务的顾客人数

二、生产能力的种类

生产能力是指在一定的时间内，企业全部的生产性固定资产在一定的技术组织条件下，经过综合平衡后所能生产的一定品种和质量的最大数量，即设施提供的最大产量。

一般来讲，企业的生产能力在一定的时期内是保持相对稳定的，但随着科技的发展，生产能力也会相应地发生变化。

（一）按照用途分类，可以将组织的生产能力分为设计产能、正常产能和最大产能。

1.设计产能

设计产能（也称"理想产能"）是指企业在理想状态下的最大产出量。但由于产品方案的改变、定期的设备维修和保养、作息时间的安排、作业计划的调整等情况，有效能力要低于设计能力。而由于材料不能及时供应、机器出现故障等不可控制性因素，企业实际产出要小于有效能力。因此，效率是实际产出与有效能力的比值，而利用率是实际产出与设计能力的比值。

2.正常产能

正常产能是指企业在现有正常的生产条件下，设施实际能够生产的产品数量。通常企业在建厂时会为其长期的发展需要留有空间，因此，正常的生产能力要大于设计能力。正常生产能力为生产计划的制定提供参考依据。

3.最大产能

最大产能是指企业在挖掘各种潜在的生产因素的前提下所达到的生产能力，如提供加班、业务外包等。最大生产能力是企业设施生产的极限，企业的生产计划安排不能超越其最大产能。

（二）按照结构分类，可以将生产能力分为单件设备能力、环节能力和综合能力。

1.单件设备能力

单件设备能力是指企业的单台设备具备的生产能力。

2.环节能力

环节能力是指企业的某产品生产需要经过多个生产环节，而这些不同的生产环节所具备的生产能力。

3.综合能力

综合能力是指各环节、生产单位和部门合在一起所具备的生产能力。

（三）按照期限的长短，可以将生产能力分为长期、中期和短期生产能力。

1.长期生产能力

长期生产能力是指企业设施在未来3~5年的生产能力。

2.中期生产能力

中期生产能力是指企业在未来1~2年的生产能力。

3.短期生产能力

短期生产能力是指企业在未来1年以内的生产能力。

三、影响体育用品生产能力的因素

影响体育用品生产能力的因素主要包括体育设施、体育产品或服务特征、工艺、人力资源、运营、供应链和外部环境等七个方面的因素，如表8-2所示。

表8-2　影响有效运营能力的因素

序号	影响因素	内容
1	体育设施	选址、设计、布局、环境
2	体育产品或服务特征	设计、体育产品和服务组合
3	工艺	产量能力和质量能力
4	人力资源	工作内容的设计、培训、激励、报酬、考核
5	运营	排程、质量保证、物料管理、维修策略、设备故障
6	供应链	供应商、经销商、零售商、仓储和运输
7	外部环境	产品标准、安全条例、污染控制标准、政府管理制度、工会

四、生产能力规划

运营管理者需要制定出长期、中期和短期的生产能力规划内容，以满足当前和未来市场的需求。

（一）生产能力规划概念

生产能力规划（又称"产能规划"）是企业为满足目前和未来市场需求量的产能水平所做的抉择。它是由资本密集型资源（设备、工具、设施和总体劳动力规模等）来确定总体产能大小的一种方法，以实现企业的长期竞争战略。产能规划所确定的产能对企业的市场反应速度、成本结构、库存策略以及企业自身管理和员工制度都产生重大影响。

（二）生产能力规划内容

生产能力规划内容包括长期产能、中期和短期产能规划。

1.长期产能规划

长期产能规划是指企业制定3～5年以上的产能规划，是基于对企业的长远利益的考虑而制定的产能计划，具有战略意义，对企业的远期利益至关重要。长期产能计划中涉及生产性资源，如建筑物、设备、物料设施等，企业需要较长时间才能获得，并将在较长的时间内消耗掉。长期产能计划需要高层管理者的参与和批准，具有较大的风险。长期产能计划可分为扩展产能计划与收缩产能计划两类。长期生产能力规划主要是新设施或设备等资本投资，需要进行投资决策。

2.中期产能规划

中期产能规划是指企业制定1～2年的产能规划，其目标是综合生产计划（如年度生产计划），提高生产能力的利用率。

3.短期产能规划

短期产能规划是指企业制定1年以内的产能规划，它包括月计划或季度计划。短期产能规划关系到企业每天或每周的生产调度情况，需要平衡计划产量与实际产量的矛盾，这里包括超时工作、人员调动或替代性生产程序规划等。短期产能规划的目标是挖掘企业设施现有的生产能力。

长期、中期和短期生产能力规划的目标与内容如表8-3所示。

表8-3　长期、中期和短期生产能力规划的目标与内容

内容 层次	长期产能规划（3～5年）	中期产能规划（1～2年）	短期产能规划（1～3个月）
目标	实现长期生产发展规划	提高生产能力利用率	挖掘设施生产能力
设备	扩建规模与设施更新	设施与技术改造与创新	提高设施利用强度
人员	人力资源发展规划	职工招聘与培训	临时招聘与临时加班
物资	资源使用计划	订货计划	原料与零件的发送

（三）生产能力规划步骤

不同企业进行产能规划的程序有所不同，但是，一般来说，企业进行产能规划时，都必须遵循以下六个步骤：

1.预测未来产能的需求量

企业在进行产能规划时，首先需要进行市场需求预测。由于长期产能规划与未来的市场需求、技术变革、竞争关系以及生产率提高等多种因素密切相关，因此企业必须综合考虑这些相关因素，筛选出重要影响因素，并对市场需求所做的预测必须转变为一种能与能力直接进行比较的度量。如在生产型企业中，企业产能通常是

以可利用的设备数来表示的，在这种情况下，管理人员必须将市场需求（产品产量）转变为所需的设备数，进行总的决策。

2.评价需求与现有产能之间的关系

对于企业生产运作系统所包括的环节很少，当预测需求与现有产能之间的差额为正数时，企业需要扩大产能，这说明，企业的产品或服务在未来的市场需求量将不断增加。但如果企业的一个生产运作系统包括多个环节或多个工序时，能力的计划和选择就需要考虑多方面的因素。如20世纪70年代，西方发达国家的航空工业呈供不应求的局面，当时许多航空公司认为，所拥有的飞机座位数越多，便可赢得越多的顾客，因而大量购买大型客机。但事实是那些拥有小飞机的公司却获得了更好的经营绩效。原因在于满足需求的关键因素不是每一航班所拥有的座位数，而是航班次数的增加，顾客需求总量可用"座位数×航班次数/年"来反映。

在生产型企业中，能力扩大须平衡各工序能力。特别是当企业的生产环节较多、设备多样化、各个环节的生产能力不同、能力较强和能力较差的环节同时存在时，企业的整体产能是由能力较差的环节决定的，这是制订能力计划时必须注意的问题。

3.制订备选方案

处理能力与需求之差的方法可有多种。扩大能力规模和时间的方案包括积极策略，消极策略或中间策略的选择，也包括新设施地点的选择，还包括是否考虑使用加班、外包等临时措施等等。这些都是制订能力计划方案所要考虑的内容。所考虑的重点不同，就会形成不同的备选方案。一般来说，至少应制订出3~5个候选方案。

4.评价各备选方案

一般评价各备选方案采用定量评价和定性评价结合的方法。定量评价主要是从财务的角度，以所要进行的投资为基准，比较各种方案给企业带来的收益以及投资回收情况。这里，可使用净现值法、盈亏平衡分析法、投资回收率法等不同方法。定性评价主要是考虑不能用财务分析来判断的其他因素，例如，是否与企业的整体战略相符，与竞争策略的关系，技术变化因素，人员成本，等等。这些因素的考虑，有些实际上仍可进行定量计算（如人员成本），有些则需要用直观和经验来判断。

5.选择一个最佳的方案

根据企业的实际情况对各备选方案进行筛选，从中选出一个最佳的方案作为最终方案。

6.实施方案

在实施备选方案过程中实时监控其过程，并及时做出调整和反馈。

五、生产能力核算

生产能力的核算主要是对企业的设施生产能力、场地生产能力和员工生产能力进行核算。

（一）设施生产能力。企业生产能力受到设施能力的限制。一般采用共同的计量单位，即设备提供的工时或折合为某一代表产品或假定产品的产出数量。设施生产能力计算公式为：

$$M = (F \chi S) / t$$

式中，M—设备组的生产能力；

　　　F—单台设施的有效工时数；

　　　S—设备台数；

$$t—\begin{cases} 一种代表具体产品的单件工时(生产单一产品) \\ 一种代表产品的单件工时(生产多产品) \\ 一种代表假定产品的单件工时(生产产品品种多) \end{cases}$$

（二）场地生产能力。企业的生产能力受到主要场地的限制，其计算公式为：

$$M = (F \chi A) / (\alpha \chi t)$$

式中，F—生产面积的有效利用空间；

　　　A—生产面积；

　　　α—制造单位产品所需要的生产面积；

　　　t—单位产品所需要的生产时间。

（三）员工生产能力。企业的生产能力也受员工生产能力的限制，其计算公式为：

$$M = (F \chi D) / t$$

式中，F—计划期内每个员工的有效工作时间；

　　　D—作业组的员工数；

　　　t—工人的平均工时定额。

六、平衡生产能力与生产计划的策略

（一）对于生产型企业

当生产能力大于生产任务，导致生产能力过剩，企业应寻求提高能力利用率，而当生产能力小于生产任务时，应想办法扩充生产能力，满足生产计划任务。其具体策略如表8-4所示。

表8-4　生产型企业生产能力调整策略

生产能力大于需求	生产能力小于需求
开发新产品	加班或延迟工作时间
减少人员	增加并培训员工
减少工作时间	业务外包
出租设施	改造工艺

（二）对于服务型企业

由于服务型企业自身具有不同于生产型企业的特点，服务型企业能力规划策略也有其侧重点。具体为：

一是，通常服务型企业采用扩大或减少服务能力来调整需求。

二是，服务型企业使用短期调节需求要比长期调节手段更为有效。

三是，调节生产能力的主要手段是通过人力资源和场地规模的调整来实现。

四是，服务生产能力弹性较大。

具体如表8-5所示。

表8-5 服务型企业生产能力调整策略

服务能力大于需求	服务能力小于需求
扩大服务领域	扩大服务场地规模
增加互补性产品和服务	增加营业网点
利用4P来调节需求	增加人力资源

第二节 体育产品和服务运营能力管理

体育产品和服务运营能力管理包括长短期产能规划、收益管理及体验管理，其实质是帮助运营管理者解决供给与需求的匹配问题，合理准备设备和人员，使企业运营效益最大化，并提高顾客的满意度。

一、长期产能规划

长期产能规划需要结合组织的战略发展方向，通常采用扩充产能和提供互补产品或服务两种方法。

（一）扩充产能策略

由于产能需求的不断变化，使得企业的发展规划不断调整增加或减少长期产能决策。为有效应对产能决策需要确定调整的时机、数量以及方式。通常，产能变化有四种情况：

1.一次性的增大产能

一次性的增大产能优点是运营系统的固定成本只发生一次，这些成本可分摊到工程中。缺点是企业进行大规模产能扩充，如果预测有误，未必一定会获得大量资金，如果此种需求呈现稳定增长，设备不能充分被利用。为此，企业需要谨慎决策。如图8-1所示。

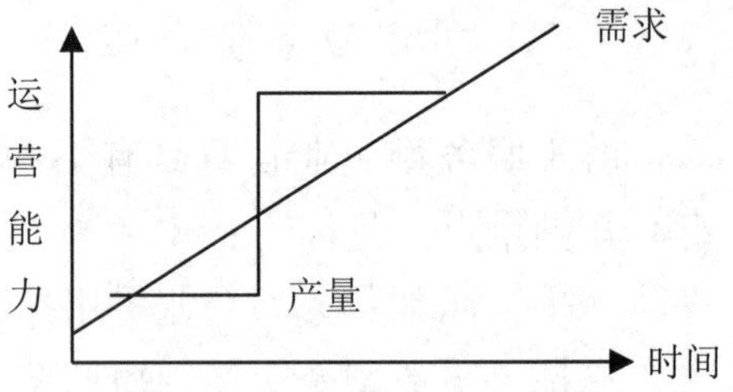

2. 配合平均需求逐步增加产能

当产能高于需求曲线，企业就有富余产能；当低于需求曲线时，就会出现产能不足。如图8-2所示。

3. 超过需求的小量产能增加（又称为"安全产能"）

为了保持足够的产能，小幅度的增加产能来满足需求，产能扩充总是领先于需求，这就会有富余的产能，可以提供大的客户订单和未预期的需求，是一种安全产能，如图8-3所示。安全产能的计算公式为：

平均安全产能（%）=100%−平均资源利用率（%）

通常，对于某一企业来讲，平均安全产能以年为单位计算。

4. 滞后于需求的小量产能增加

这是产能一直滞后于需求的一种策略，会出现持续性的产能短缺。但这种策略是等待需求增长到一定产能点后，企业才投入，提高产能利用率，但这样做，会让企业失去市场份额，错过发展机会。如图8-4所示。

根据以上的产能扩充策略分析，企业可以对产能过量或产能短缺造成的成本和风险进行周密的经济性系统分析抉择，做出短期产能调整方案。

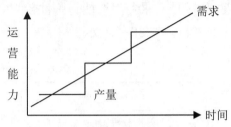

图8-1　一次性的增大产能

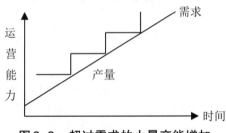

图8-2　配合平均需求逐步增加产能

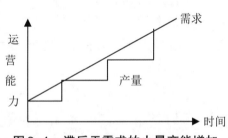

图8-3　超过需求的小量产能增加

图8-4　滞后于需求的小量产能增加

（二）提供互补产品或服务

目前许多企业提供的产品和服务是有季节性的，为企业的长期利益考虑，企业应寻求互补性产品或服务，不仅可以充分利用自身的资源，还可以作为企业发展季节性需求模式。如北方某家生产游泳运动商品的零售商，夏天卖游泳商品，冬天卖滑雪装备；某滑雪场在冬天开展滑雪业务，而在夏季提供培训或旅游参观业务；体育场馆在赛事过后采取参观、销售、娱乐、餐饮等业务。

在定量预测规划时，企业长期产能决策时常采用决策树的方法。

二、短期产能管理

如果短期需求比较稳定，企业又有足够的产能，当需求高于或低于有效产能时，企业可以改变内部的资源和能力，调整产能或者通过刺激和转移需求来适应需求的变化进行产能的管理。对于服务型企业改变其产能将会很困难，有时是无法改变的，如赛事场馆的座位无法改变。为此，服务型企业只能使用平衡资源战略，当短期的需求超过产能的时候，企业就会在增加产能或失去收益之间进行抉择。下面就改变产能进行分析。

（一）调整产能

调整产能是通过增加或减少设施设备、提高员工技能和产能方法实现。

1.增加或减少设施设备

对于过剩的需求，企业通过租赁或与其他组织合作共享设施设备等方式来解决。如许多消费者想通过测骨龄仪器来检查自己的实际年龄与身体状况的年龄，由于这种仪器成本较高，许多企业会与其他组织合作来满足客户的需要。而对于需求降低到产能水平以下，需要采取出售闲置或租赁闲置的产能给外来的买家或竞争对手来应对闲置的资源。

2.提高员工技能和产能

一方面通过培训或者聘请合适人员来应对市场差异化的需求；另一方面通过加班、加点及外部采购等方式调整工作时间和强度来增加产能应对市场需求。如生产型企业将时间过长或分包的工作安排给其他的公司来解决自身产能紧张的问题；服务型企业可通过对一线人员的培训或聘请合适的人员来解决高峰时间段客流量的问题。如某健身俱乐部通过营销手段（广告、促销或宣传等）或采取预约的方式来缓解高峰期的设施紧张问题。

（二）转移或刺激需求管理产能

转移或刺激需求管理产能主要通过采取调整产品和服务价格、加大宣传推广力度、增加附属产品或服务、提供预约服务等策略实现。

1.调整产品和服务价格

价格对于产品和服务的影响较大，如健身俱乐部在非高峰期提供优惠的价格；体育用品专卖店在产品销售淡季时打折促销等。

2.加大宣传推广力度

利用各种宣传媒介在产品的销售低估时期吸引消费者注意，增加产品和服务购买数量等。

3.提供预约服务

通过预约可以帮助运营管理者做好人员和设备的准备工作，增加顾客的满意度。

4.增加附属产品和服务

通过延长工作时间、提供儿童游乐中心、提供休闲座位等来吸引消费者的注意，平衡产品和服务需求量。

三、收益管理

（一）收益管理的概念

收益管理是通过优化每个细分市场的价格和产能利用，并以合适的价格将有限的供应能力分配给最合适的顾客，以获得最大的收益，解决供需匹配问题。收益管理可以预测需求，决定什么时候超额订多少，对不同的客户采取差别定价。

航空公司和音乐会座位的规划、假日酒店、公共事业服务、合同谈判、供应链等都采用了这种方法，取得了丰硕成果。

（二）收益管理的适用条件

收益管理服务需要具备五个特点：

1.服务的易逝性

一项体育赛事的座位不会在下一场比赛再出售，因此，赛事后未销售出去的座位收益将永远失去。可见，服务性企业的服务能力受到时间的限制。

2.细分市场的能力

收益管理的实施的一个前提条件是企业能够对消费者进行市场细分，科学、合理地细分出不同顾客的差异化需求，并有针对性地提供差异化服务。

3.服务预售

通常服务型企业采用预约的形式来提前出售服务产品。如奥运会门票、体育赛事门票等。

4.相对固定的生产能力

企业服务能力受到服务设施的限制时，适合采取收益管理。如网球馆、壁球馆等场地在某一时间段被全部占用时，顾客只能等待其他时间段消费。

5.相对于可变成本的高固定成本

它是指该类服务的边际销售成本必须低。如某体育赛事门票的价格与增加一名观众的座位的费用比较是可以忽略的，但与增加1000人座位的比较成本是巨大的。

（三）收益管理简单计算方法

收益管理计算方法非常复杂，这里只介绍收益管理的一个简单计算方法。

收益管理是某一特定时期里实际回报与潜在回报的价值比。

其中：   收益=实际回报/潜在回报

实际回报 = 实际使用能力×实际平均价格

潜在回报 = 全部能力×最高价格

如在某一家高尔夫健身俱乐部，某高尔夫球的私人教练一周的服务时间及服务收费标准如表8-6所示。

表8-6　某高尔夫球私人教练服务时间及服务收费标准

服务方式	收费价格（元）	服务时间（小时）	收益（元）
一对一	300	30	9000
一对多	200	30	6000

通过采取不同的服务方式，使高尔夫教练的收益最大化：

如果该名高尔夫球私人教练用30%的时间采用一对一服务方式，70%的时间采用一对多的服务方式，其收益是2700+4200=6900，为一对一服务方式的76%；

如果该名高尔夫球私人教练用40%的时间采用一对一服务方式，60%的时间采用一对多的服务方式，其收益是3600+3600=7200，为一对一服务方式的80%。

【小资料】

2008年北京奥运会志愿者

根据各届奥运会官方网站获得23～28届奥运会志愿者人数统计表，2008年北京奥运会共需约10万名志愿者，而有112万多人成为志愿者，如表8-7所示．

表8-7　23～28届夏季奥运会志愿者人数统计

届次	23	24	25	26	27	28
时间	1984	1988	1992	1996	2000	2004
奥运会主办地	洛杉矶	汉城	巴塞罗那	亚特兰大	悉尼	雅典
志愿者人数	28742	27221	34548	51881	46967	60000

数据来源：各届奥运会官方网站。

四、体验经济

目前从美国到欧洲的整个发达社会经济，正在逐步大规模开展体验经济。体验经济是继农业经济、工业经济和服务经济阶段之后的第四个人类的经济生活发展阶段，被其称为服务经济的延伸，是服务经济的最高层次。

体验经济就是指企业以服务为重心，以商品为素材，为消费者创造出值得回忆和难忘的活动或感受。其中的商品是有形的、服务是无形的，而创造出的体验是令人回味的。体验经济为企业的可持续性发展指明了产品和服务发展战略，即将企业产品和服务有机结合才能形成企业的竞争优势。

（一）体验经济基本特征

1.体验的非生产性

体验是一个人达到情绪、体力、精神的某一特定水平时，他意识中产生的一种美好感觉，它本身不是一种经济产出，不能完全以清点的方式来量化，因而也不能像其他工作那样创造出可以触摸的物品。

2.体验的短周期性

体验经济是以小时为单位，有的甚至以分钟为单位，如互联网。

3.顾客全程参与其中

体验经济则不然，因为任何一种体验都是某个人身心体智状态与那些筹划事件之间的互动作用的结果，顾客全程参与其中。

4.体验的不可替代性

体验经济下，每个人的感受是不同的。

5.体验的深刻记忆性

体验是顾客个性化和互动的一系列事件和经历的结果，每次体验都会给体验者不同的深刻记忆，如一场激烈的体育赛事，一次航海远行、探险、峡谷漂流，一次高空蹦极等都会给体验者深刻的回忆，以至终生难忘。

6.顾客对付出的成本不敏感

体验是顾客自身的心理感受，是顾客价值观、文化和精神的一种向往和追求，他们愿意为其付出较高的经济代价。如在布满鲜花的走廊、伴着优美的音乐的咖啡屋饮一杯咖啡付出的成本要远远高于在家饮用同种咖啡，但顾客获得的感受是不同的。

（二）主题体验设计含义及原则

1.主题体验设计含义

主题体验设计即是设计一个题目，在某一时间、某地所构思出来的一种想法或者观念，它是根据消费者的兴趣、态度、爱好、知识和教育，从一个诱人的故事或事件开始，构思出各种不同的情节变化，使其具有某种独特的风格和韵味，将顾客深深吸引住，甚至当过程结束时，美好的体验感受和价值仍长期滞留在其脑海中，形成一种美好的回忆。

2.体验设计原则

（1）明确体验主题

制定明确的主题是体验设计的第一步。如果缺乏明确的主题，消费者会抓不到主线索，就不能将所有感觉到的体验整合起来，便产生不了高价值性。相反，不好的感受会导致顾客的不满意。

（2）以正面线索给顾客塑造深刻印象

主题是体验的基础，它需要塑造令人难忘的印象，由线索构成印象，给顾客心中创造深刻的体验。要塑造完整的美好的体验，不仅需要设计正面的线索，还必须回避负面问题。

（3）充分利用纪念物

纪念物能唤起顾客的记忆，具有回忆体验的价值，通常消费者愿意购买。如体育赛事或度假的纪念章、T恤、明信片等能够使人想起曾经拥有的美好体验和感受。经过制定明确主题、正面线索过程，设计出精致的体验，消费者是非常愿意花钱购买纪念物品的。

（4）整合多种刺激手段，激起顾客的回忆

精致的体验需要运用多种感官刺激手段，刺激手段运用得好，顾客的体验感觉就会与众不同，印象就越深刻。

（三）体验管理

客户体验管理是近年兴起的一种客户管理方法和技术。根据伯尔尼·施密特（Bernd H·Schmitt）在《客户体验管理》一书中的定义，客户体验管理是"战略性地管理客户对产品或公司全面体验的过程"，它是以提高客户整体体验为出发点，注重与客户的每一次接触，通过协调整合售前、售中和售后等各个阶段，将各种客户接触点或接触渠道，有目的地、无缝隙地为客户传递目标信息，创造匹配品牌承诺的正面感觉，以实现良性互动，进而创造差异化的客户体验，实现客户的忠诚，强化感知价值，从而增加企业收入与资产价值。通过对客户体验加以有效把握和管理，可以提高客户对公司的满意度和忠诚度，并最终提升公司价值。可见，体验管理就是企业为顾客创造性地设计服务产品的全面体验流程，使顾客在体验过程中体验其独特而深刻感知，以实现企业经营价值最大化。

五、服务员工轮班

体育服务型组织提供的服务可以分为大众化服务（又称"标准化服务"）和个性化服务（又称"顾客化服务"）。大众化服务主要是借助一定的设施和工具提供服务的。如健身俱乐部提供的健身器械；个性化服务是企业满足顾客需求的个性的服务。如健身俱乐部为顾客提供专门的私人教练。

个性化服务存在一个排序问题，如健身俱乐部为顾客提供服务，由于顾客参与服务的时间可能会相对集中，出现供需紧张问题，为此，服务型企业需要制定员工服务轮班计划平衡供需问题。

一般来讲，员工服务轮班计划编制的方法有预订系统、预约系统和轮班排序三种方法。

（一）预订系统

预订系统常被用于顾客接受服务时需要使用或占用的相关服务设施的情况。如体育赛事门票就是典型的预约系统。预约系统可以为企业做好人力、物力提前期的准备工作，合理规划和充分有效地利用企业设施。这种方式在实际操作过程中，为避免企业遭受损失，需要顾客提供给企业一定的预约金或注册费等。

（二）预约系统

预约系统主要是用于协调顾客需求和企业服务能力的差异。它是按照事先的规定进行作业的先后顺序进行排序的方法。这种方式常会出现以下问题：一是排序出现错误，使企业预约好的顾客等候时间过长，导致顾客不满意；二是预约的顾客没有来，导致企业资源浪费；三是预约系统常按照事先约定的先后排序，可能会忽视企业特殊顾客的服务需求，如重要顾客、老顾客或需要短时间服务的顾客。

（三）服务员工轮班排序

服务员工轮班排序是指将服务人员安排到不同的服务需求时间，以适应服务需求的变化。工作轮班的方式很多，这里只接受常用的两种轮班方式，即员工固定的轮班计划和员工变化的轮班计划。

1.员工固定的轮班计划

员工固定的轮班计划是指企业提供的员工数量是固定的情况下，安排他们的工作顺序及休息时间。如果每天安排固定的服务人员数量和统一规定的工作和休息时间，如每周工作5天、每天工作7小时，则不需要排序。如有两组人员需要进行两班轮换，在一个月可以轮换，如表8-8所示。

表8-8　员工固定的轮班计划

班次	第一周	第二周	第三周	第四周
上午班	一组	二组	一组	二组
下午班	二组	一组	二组	一组

2.员工变动的轮班计划

员工变动的轮班计划常采用循环规划法和线性规划法。

（1）循环规划法

员工固定的轮班是一种较为理想的工作状态，但实际的情况是，对于服务企业来说，顾客的需求是随机性的，通常，每周需要工作7天，每天工作超过10小时，如体育健身俱乐部每天工作的时间大约在12～15小时，这样企业就需要在不同的工作时间安排不同的员工，并保证员工得到连续两天的休息，还要注意法定休息日的最低限度和国家关于员工作息时间安排的明文规定等。

循环规划法具体的操作方法是从每周的员工需求量中找到所需员工数量之和最小的连续两个工作日，安排一名员工在这两天中休息，并将这名员工的工作时间标记出来，然后再从新的排序中去掉前面带标记的数字，找出所需要的员工数量最少的连续两天作为下一名员工休息日，就这样反复计算，直到将所有人员的休息日安排完为止。

（2）线性规划法

线性规划模型的计算公式为：

$$\text{Min } Z = X_1 + X_2 + X_3 + X_4 + X_5 + X_6 + X_7$$

$$\text{s. t. } X_1 + X_4 + X_5 + X_6 + X_7 \geq b_1$$

$$X_1 + X_2 + X_5 + X_6 + X_7 \geq b_2$$

$$X_1 + X_2 + X_3 + X_6 + X_7 \geq b_3$$

$$X_1 + X_2 + X_3 + X_4 + X_7 \geq b_4$$

$$X_1 + X_2 + X_3 + X_4 + X_7 \geq b_5$$

$$X_2 + X_3 + X_4 + X_5 + X_6 \geq b_6$$

$$X_3 + X_4 + X_5 + X_6 + X_7 \geq b_7$$

式中，$X_i \geq 0$ 为整数。在实际操作中，X_i 为从第 i 天开始工作的员工数量；bi 为第 i 天所需的员工数量，通过这个线性规划模型利用手工或软件求出 X_1，X_2，X_3，X_4，X_5，X_6 和 X_7 的值。

【复习思考题】

1.试阐述运营能力的含义与度量方法。

2.试分析生产能力的概念、种类与规划步骤有哪些。

3.某健身俱乐部办公室工作人员一天需要处理50名客户信息资料整理工作，每名工作人员每天需要工作6个小时。如果每名工作人员需要5分钟来进行信息核对，每名工作人员的平均利用率为70%，那么，这项工作需要多少名工作人员？体育产品和服务的运用能力管理内容包括哪些内容。

4.试分析体育产品和服务的运用能力管理包括哪些内容。

5.试阐述长期和短期产能规划方法有哪些。

6.试分析收益管理的概念及适用条件是什么。

7.试分析某一健身俱乐部在需求过剩、需求匮乏的状况下应采取何种运营管理策略。

8.某体育用品公司开发出一系列新产品，需要决定是建一所大的分公司还是建一所小的分公司，表8-9是预测未来市场对现产品的需求情况及概率。试运用决策树法做出决策。

表8-9 预测未来市场对现产品的需求情况及概率

决策	期望值（万元）	概率	期望值（万元）	概率	期望值（万元）	概率
建大厂	500	0.7	400	0.2	350	0.1
建小厂	300	0.7	200	0.2	150	0.1

9.某体育健身俱乐部一周内每天需求员工的数量如表8-10所示，但保证每名员工连续休息两天。现请你分别运用循环规划法和线性规划法为俱乐部的每名员工编制一份安排表以使所需的员工数量最少。

表8-10 某体育健身俱乐部一周内每天需求员工的数量

星期	星期一	星期二	星期三	星期四	星期五	星期六	星期日
员工需求量	4	7	6	7	6	6	6

【案例分析】

北京冬奥场馆赛后运营

北京冬奥会使用了6个2008年北京奥运会场馆，充分借鉴它们的赛后利用经验，新建场馆从规划设计时就充分考虑赛后利用需求，统筹规划，同步设计到位，有效降低成本。在国际奥委会的大力支持下，新建场馆全部制订了赛后利用计划。北京冬奥会的竞赛场馆都是世界一流场馆，在筹办过程中，体育部门、场馆业主单位与国际单项体育联合会进行了深入沟通，并与相关协会建立了良好的关系，赛后将继续申办、举办高水平国际赛事和各项国内赛事。通过举行一些高水平赛事，带动大众赛事、全民健身和地方发展。除了举办竞技赛事，北京冬奥会场馆将为大众提供体育休闲健身服务，所有新建场馆在规划设计之初就充分考虑了赛后面向大众开放的问题。

位于北京赛区的国家速滑馆"冰丝带"，其1.2万平方米的全冰面设计，赛后将举办速度滑冰、冰球、冰壶、花样滑冰等各类冰上赛事，广泛开展群众冰雪运动，将成为集体育赛事、群众健身、文化休闲、展览展示、社会公益五位一体的多功能冰上中心。国家游泳中心"冰立方"赛后将举办高级别游泳赛事和冰上赛事，承担国家队和青少年运动队训练；同时，开展丰富的大众游泳健身、冰上体验活动，南广场新建的两块冰场可开展大众冰壶体验、滑冰健身和冰上培训活动。国家高山滑雪中心在设计之初，就考虑将相对平缓的3公里雪道赛后向大众开放，也考虑赛后将高山滑雪的场地降低起点，向滑雪爱好者开放。国家雪车雪橇中心更是小众项目场地，在设计时就在比较缓冲的赛道预留了大众出发区，为大众爱好者提供雪车雪橇项目体验服务。

位于张家口赛区的国家跳台滑雪中心"雪如意"将采用多种方式开展赛后运营。在雪季时针对跳台滑雪爱好者举办跳台滑雪展示、培训与体验、雪上足球、户外冰球等冰雪娱乐项目。同时，将承办高规格跳台滑雪赛事和提供训练场地。非雪季时，开发攀岩、滑索、滑草等娱乐项目；看台区开发为标准足球场、篮球场、网球场、排球场、羽毛球场等多个球类赛场，满足群众多样健身需求。

国家冬季两项中心将举办国际雪联冬季两项联盟世界杯等高水平专业赛事，打造专业训练基地。冬季开展大众滑雪健身项目，增加圣诞老人屋等冰雪娱乐项目。其他季节将开展轮滑、骑行、健行、定向越野等多种全民健身活动，建设汽车营地、极限公园等，打造成以冬季两项运动为特色的综合型旅游度假胜地。

由于延庆和张家口赛区的雪上项目场馆受气候限制，只能在冬季开展雪上项目体验和比赛，北京冬奥组委与场馆业主充分合作，在山地赛区规划建设中，从赛区整体发展出发，充分考虑春、夏、秋三季的运营，利用赛区的人文历史和自然生态优势，建立户外拓展训练中心，发展区域特色旅游休闲、山地度假、户外运动等产业，实现冬奥场馆的四季持续运营。

冬奥场馆的赛后利用不是孤立地考虑某一个场馆的运营，而是要融入地区发展规划，从整体去规划和推动。延庆赛区将依托场馆及配套设施，积极推动"冬奥""世园""长城"联合发展，以全域旅游为主导，大力发展特色体育文化旅游产业；张家口赛区将依托竞赛场馆和配套设施，打造全民、全季、全时、全域的全亚洲冰雪旅游度假目的地和"体育之城"。同时，将积极推动三个赛区的冰雪场馆资源联动发展，与京张沿线大众冰雪设施、体育设施、自然文化旅游资源相融合，借助京张高铁、京礼高速等快速交通线路，打造京张体育文化旅游带，带动周边区域高质量发展，相互促进，共同发展，从而实现冬奥会新建场馆的"反复利用、综合利用、持久利用"。

资料来源：人民网资料整理 2022

讨论题：结合案例，试阐述北京冬奥会场馆赛后运营总体规划与具体方案。

第九章

体育市场调研与预测

【本章提要】

本章主要阐述了体育市场调研概念、内容、类型、应注意问题和体育市场预测概念、作用、种类和预测步骤，并在此基础上，探讨了体育市场预测的方法——定性和定量预测方法，以帮助体育产品生产和服务企业制定中长期的战略发展规划。

【名词解释】

1.体育市场调研是指体育产品生产和服务企业以满足体育消费者需求为中心，运用科学的方法，系统、客观地收集、记录、整理与分析有关体育市场的信息资料，提出解决问题的建议，以帮助组织管理者做出正确的运营决策提供依据。

2.体育市场预测是指在体育市场调研的基础上，利用各种信息资料，运用科学的预测方法，对影响体育市场供求变化的诸多因素进行分析研究，对未来体育市场的供求趋势做出判断，找出体育市场供求变化规律的一种方法。

【引导案例】

中国体育用品产业发展预测

从产业研究院发布的《2023—2028年中国体育用品产业发展预测及投资策略分析报告》获悉，我国体育用品产业化始于20世纪80年代初，经过40年发展，中国已成为全球最大的体育用品制造和独立生产体育用品种类最多的国家。2020年，我国体育产业总规模（总产出）27372亿元，增加值为10735亿元，相比2019年，总规模下降7.2%，增加值下降至4.6%。其中，体育用品及相关产品制造增加值为3144亿元，占体育产业比重的29.3%；规模达12287亿元，占体育产业比重的44.9%。2019年，国务院办公厅印发的《关于促进全民健身和体育消费推动体育产业高质量发展的意见》中提出要完善体育产业政策、促进体育消费试点、提升体育服务业比重、支持体育用品制造业创新发展、加快发展冰雪产业等十个方面政策举措。2021

年，国家体育总局发布了《"十四五"体育发展规划》，对体育改革发展进行了全面部署，围绕体育强国建设，推动体育重点领域实现高质量发展。2021年，中国文教体育用品协会发布的《文教体育用品产业"十四五"时期高质量发展指导意见》中提出，我国文体用品产业的主要业务领域将逐步缩小与世界强国的差距，并经过5~10年的努力，力争大部分细分领域进入世界强国行列，打造3~5个具有国际竞争力的国际品牌，培育世界级文教体育用品产业集群。充分结合科技的力量，促进我国体育用品产业发展不断升级运动体验，研发智能化的可穿戴、可运动、可健身器材等装备。

资料来源：《2023—2028年中国体育用品产业发展预测及投资策略分析报告》资料整理 2022

第一节 体育市场调研概述

由于市场需求的不断变化，体育生产和服务企业为最大程度地满足消费者的多样化需求，企业需要不断地获取各种信息资料，而在信息资料的收集过程中企业必须进行大量的市场调研，并进行市场预测，制定出企业的中长期发展战略。

一、体育市场调研概念

体育市场调研是指体育产品生产和服务企业以满足体育消费者需求为中心，运用科学的方法系统、客观地收集、记录、整理与分析有关体育市场的信息资料，提出解决问题的建议，以帮助组织管理者做出正确的运营决策提供依据。

二、体育市场调研内容

体育市场调研作为运营管理决策的基础，其涉及范围非常广泛。一般来讲，体育市场调研主要包括体育市场特点，体育市场需求的衡量，体育市场份额分析，体育产品销售和服务现状分析，商业趋势研究，竞争产品研究，长、中和短期市场预测，新产品和新服务的市场接受情况及体育市场预测。

但从总体上讲，体育市场调研可分为体育市场环境调查和体育专题调查两大类，它们各自具有所调查的内容。

（一）体育市场环境调查

体育市场环境调查属于宏观环境调查的范畴，对体育组织的影响较为直接。主要是对体育市场所处的政治、经济、自然、文化、人口、社会、法律等环境的调查。

政治环境调查是指对一定时期内直接或间接影响组织经营的国家政治形势和各

级政府制定的有关方针政策、法律法规、条例及规章制度的调查。

经济环境调查是指对组织运营所辐射地区的国民经济形势，科技发展水平，国民收入水平及体育消费水平，体育人口构成、数量、分布等信息的调查。

社会文化环境调查是指对体育组织所辐射的区域从事体育运动人口的职业构成、体育与同类消费水平项目的人口占有比例、群众参与体育和文化娱乐的意识、文化素养等信息的调查。

地理环境调查是指对组织所在地的气候条件、交通运输条件、通信条件等信息的调查。

（二）体育专题调查

体育专题调查又称为"微观体育市场调查"，主要指体育市场需求情况、体育产品销售和服务状况、竞争对手动态等调查。

体育市场需求调查指在一定的地理区域和时间了解体育市场的实际需求和潜在需求情况。它包括市场对体育产品和服务的需求及影响体育市场需求量两个方面的因素。市场需求量调查主要是对体育消费的特点进行调查，不同的体育消费者其需求的特点是差异化的。影响体育市场需求量的因素很多，体育市场调查的重点是体育产品和服务的需求力、需求动机和潜在需求三个因素。

体育产品销售调查主要是指体育消费者对组织产品的评价、对新产品开发和服务改进的信息反馈等；体育服务状况的调查主要是指体育消费者对组织提供的服务的满意程度、改进建议和反馈信息的调查。

通过市场调研使组织了解自己在市场竞争中所处的地位，了解竞争对手的总体情况。这里主要包括竞争对手的产品和服务质量、经济实力、竞争者市场占有率、竞争者经营策略和手段等优势劣势等内容。针对竞争对手的实际情况调查，可以及时有效地对组织运营做出策略调整。

三、体育市场调研的类型

根据市场调研的性质、方法和目的等，体育市场调研的类型一般可以分为以下几种。

（一）按市场信息收集的途径，分为直接调查和间接调查

直接调查是指体育市场调研人员在制订周密的调研方案的基础上，借助实地观察或直接访问、实验等途径获得信息资料的调查方式。直接调查法的特点是获取信息资料直接、及时、有针对性，有利于发现问题、规避风险、发挥优势。直接调查方法较为专业，调查程序制定严密，涉及的范围与调查成本成正比，对参与人员的专业素质要求很高，通常需要对参与调研的人员进行专业化培训。

间接调查是体育市场调研人员通过收集组织内、外部的各种资料，如组织内部的财务、运营、营销资料等，组织外部的相关资料，如政府公示的统计数据、新闻媒体相关消息、网络信息等，对获得的资料进行分类、归纳、分析和演绎，提出体育市场调研的结论和建议。间接调查的信息收集渠道广、成本低、速度快，但间接调查的信息质量不同，时效性有限。

（二）按市场信息收集的时间，分为经常性调查和一次性调查

经常性调查可以获得不同时期内体育市场发展过程的信息资料，有利于掌握体育市场规律。

一次性市场调查是指在一定的时间范围内就某一目标进行有针对性的调查，以反映体育市场所调查项目的发展变化情况。

（三）按市场信息收集的范围，分为全面调查、重点调查、典型调查和抽样调查

全面调查是对体育市场调研的项目中有关体育市场范畴的全部因素进行调查的一种方式。虽然这种调查方式可以取得全面的原始资料和可靠数据，但要花费较多的人力、物力、财力和时间。

重点调查是对体育市场调研中起决定性因素的项目进行调查。这种调查方式可靠性高，可以避免决策失误，较快地掌握被调查对象的基本情况。

典型调查是在体育市场调研中只选择具有代表性的因素进行专门调查，目的是以代表性的样本指标来推断总体指标。这种调查方式可以获得详尽的资料，便于组织决策。

抽样调查是指在体育市场调查中抽取一定数量的样本进行调查的一种方式。这种调查方式是用样本调查的结果来推算总体情况，目前应用范围较广。

四、体育市场调研应注意的问题

（一）调研方式不能过于简单化

体育市场调研是一项专业性很强工作，它涉及调研方法的选择、抽样办法的决定、问卷的设计、执行的技巧、资料的分析与整理等。如果有一个环节出现问题，就会导致决策的失败。

（二）不能过于依赖统计的数据资料

由于组织所处环境较为复杂，目前一些统计数据存在一定的限制性，组织需要将定性与定量预测分析法结合使用，避免做出错误的决策。

（三）追求体育市场调研的系统性

组织管理者应将体育市场调研作为一个系统进行长期的调研，这样才能获得真实的数据资料，避免调查结果的片面性和失真。体育市场调研需要制订出严谨的调研计划和方案，便于组织运行和实施。

（四）避免调研信息过多

市场调研信息并不是越多越好，而应分清调研信息重要程度，将重要的信息作为组织决策的依据。

五、体育市场调研的步骤

体育市场调研主要分为四个步骤，即确定市场调研目标、设计市场调研方案、实地执行和形成市场调研报告。

（一）确定市场调研目标

市场调研目标的确定应与组织运营战略相一致，根据组织运营战略来制订市场调研方案。首先，必须明确通过市场调查需要了解何种信息、调研的目的和需要达到的目标以及需要得出的结论。其次，确定调研的类型、时间和经费预算。

（二）设计市场调研方案

设计市场调研方案主要包括调查方法设计、问卷设计、访问设计、统计方法设计、分析方法设计、访问对象的定义、抽样设计、项目详细流程（包括项目分工、人员调配以及时间安排等）。

（三）实地执行

经过详细的项目设计后，就要在严格控制下进行实地执行。实施资料收集包括资料收集人员的准备、资料收集过程的控制以及资料的整理。问卷调查的实地执行包括访问人员、抽样人员的准备、访问过程的督导、问卷的回收和检查与复核等。

（四）形成市场调研报告

报告阶段是对体育市场调查获取的所有信息资料进行审查、分类、统计，使之系统化和条理化，以集中、简明的方式来反映体育市场调查的全过程和变化的内在规律，并结合调研目标，得出调查结论，写出调研报告。

六、体育市场调研方法

体育市场调研的方法主要有调研问卷的设计、调查对象的样本选择和调查资料的获取方式三个方面。

（一）调研问卷的设计

调研问卷的设计要求主题明确、通俗易懂；长度适宜、易于回答；结构合理、合乎逻辑；便于统计。

（二）调查对象的样本选择

抽取调查对象样本是指从体育市场调查对象的总体中抽取一部分有代表性的对象样本进行调查，并根据样本调查后的结果来推断总体的方法。一般来讲，科学合理地确定样本，可以使调查结果公正、客观。抽样的方法主要有随机抽样和非随机抽样两种。

1.随机抽样

随机抽样是指按照随机的原则抽取样本。抽取样本对象的机会均等，完全排除人们主观有意的选择。随机抽样有简单随机抽样、等距随机抽样、分层随机抽样和分群随机抽样四种方式。

简单随机抽样是指对抽样的对象不进行任何人为组合，按照随机原则直接抽取样本。

等距随机抽样是指将抽样的对象按某一标志顺序排列，并编上序号，按照相等的距离或间隔抽取样本。这种抽样方法样本分布较均匀，具有较高的代表性，抽样误差小于简单随机抽样。

分层随机抽样是指先将抽样对象分成各种层次或类型，并对每一层次或类型按照一定的比例进行简单随机抽取样本。分层时，要尽量使各层之间具有明显不同的特性，而同一层内的对象单位则具有共性。如调查体育消费者结构，可按性别、职业、收入、文化程度、年龄等因素分层。分层抽样可避免样本过于集中某些特性，而缺少对另一些特性的关注，可以提高样本的代表性。

分群随机抽样是指集体抽样，是先将抽样的对象按照一定的标准分成若干群体，然后按照随机原则从这些群体中抽取一定比例的群体样本，再对群体内的每一个对象进行逐个调查。

2.非随机抽样

非随机抽样是指根据调查的目的和要求，主观选择抽取样本的方法。非随机抽样有任意抽样、判断抽样和配额抽样三种常用方式。

任意抽样是指随意抽取样本的方法。它是按照调查的便利性任意抽取样本。如调查人员在街道、商场、码头、车站等公共场所调查体育企业的知名度、形象，了解人们对体育运动的兴趣等，这些都是任意抽样调查。任意抽样的优点是便捷、成本低，缺点是样本的代表性差、偶然性大。

判断抽样是指依据主观判断，如通过印象和经验来选择样本。判断抽样的准确性和代表性很大程度上取决于调查人员对被调查对象的了解程度和调查人员的判断能力。

配额抽样是指根据一定标准和要求将调查对象进行特性分层，按比例分配样本数额，然后在各层定额内任意抽取样本。其抽样方法简便易行，但各层抽取的样本数必须和整体中各层的总数成正比。

（三）调查资料的获取方式

体育市场调研资料的获取方式分为第一手资料获取和第二手资料获取方式。第一手资料获取是指通过在市场调查活动中直接获取的原始资料；第二手资料是通过其他媒介组织而获取的资料数据。

1.第一手资料的收集

第一手资料收集的方法主要有观察法、实验法和调查法。

观察法是指调研人员直接到调查现场进行实际观察，从而获得有关信息的一种方法。其最大的特点是通过侧面观察被调查者的言行和反应，使被调查者感觉不到自己在被调查，因而收集到的资料数据客观真实、准确性高。如调查人员有意进入体育俱乐部会员行列，通过闲聊，注意到会员对俱乐部在服务水准、会员价格、产品构成上的议论，从而得到准确的第一手资料。

实验法是指被调查对象置于一定的条件之下，通过一定的实验来检验产品的质量或服务水平等的一种方法。如在体育产品质量上，可以组合成各种不同标准的方式，供顾客进行实验性消费，以比较哪种方式最适合消费者的需求。

调查法是指以不同的方式向被调查对象提问，并以答复为调查结果，从而获得第一手资料的方法。调查法有多种方式，如问卷调查、入户调查、访问、小组座谈、电话访谈、邮寄调查等。

2.第二手资料的收集

第二手资料通常不需要直接对被调查个体进行登记，而是从有关媒介或政府部门公开发表的资讯中获得；也可以通过专业的市场调查机构定期或不定期发表的资料数据中获得。第二手资料获取的费用要大大低于企业专门组织的市场调查费用，通过对第二手资料的获取，可以方便快捷地取得所需要的市场信息。经常性地收集第二手资料可以帮助体育企业建立起自己的市场资源数据库，为营销决策提供必要的信息资料。

七、体育市场调研资料的评估

通过体育市场调查获取了大量资料信息，但资料本身并不能解决问题，而是要对调查所取得的资料进行整理和分析，才能得到有用的信息。体育市场调查资料的评估包括调查方案的评估、调查方法的评估、调查模型的评估和调查精确度的评估四个方面。

调查方案的评估主要是对方案设计的科学合理性、方案可信度、方案的执行过程及对调查结论的重要程度进行评估。

（二）调查方法的评估

调查方法的评估主要是对调查方法的选择进行评估，因为不同的调查方法直接关系到调查资料的获取途径，影响到调查结论的准确程度，所以，体育组织有必要对其进行分析和评价。

（三）调查模型的评估

由于不同的测量模型有着不同的理论基础，对最终数据的解释也是完全不同的，所以体育组织调查模型的确定必须要有科学的理论支持。

（四）调查精确度的评估

由于市场调查资料大多是通过非全面调查所获得的，所以调查结果的精确度也是相对的。对调查结论精确度的评估只要能够满足调研需要即可。

第二节　体育市场预测概述

一、体育市场预测的概念

体育市场预测是指在体育市场调研的基础上，利用各种信息资料，运用科学的预测方法，对影响体育市场供求变化的诸多因素进行分析研究，对未来体育市场的供求趋势做出判断，找出体育市场供求变化规律的一种方法。

二、体育市场预测的作用

体育市场预测的作用主要有以下四点。

（一）为组织运营决策提供科学依据

体育市场预测可以把握市场未来的总体动态，为体育组织的中长期发展提供科学的战略和战术依据。

（二）成为制定组织运营战略的基础

市场预测可以了解体育消费者对体育俱乐部或体育赛事的具体需求，了解这些具体需求的发展变化趋势。体育组织可以依据预测结果，结合自身资源状况来制定运营战略，使组织的发展与市场的发展相一致。

（三）最大限度地满足体育市场的需求

通过市场调研与预测，了解体育消费者的需求差异化，及时掌握体育市场的发展规律和趋势，平衡体育组织生产的产品和提供的服务与体育消费者需求的关系，最大限度地提高体育消费者的满意度。

（四）有利于组织运营管理

体育市场预测能够对体育市场动态做出比较准确的判断和估计，促使体育组织改善运营中的不利方面，及时做出正确的决策，提高组织竞争力。

三、体育市场预测的种类

根据不同的分类标准，依据一定的特征，体育市场预测可以划分为以下不同的类别。

（一）按预测的范围，分为宏观市场预测和微观市场预测

宏观市场预测也称"广义市场预测"，指一定时期内整个国民经济的发展对体育市场的影响和体育产业总体发展方向的预测。其特点是从宏观经济出发，对影响体育市场的诸多因素进行预测，范围广，对象多，是对体育市场总量活动的综合性预测。

微观市场预测也称"狭义市场预测"，指体育企业在一定时期内对具体市场或具体经营项目的供需变化，影响企业经营的市场环境以及市场占有率等方面的预测。其特点是预测的涉及面较窄，属于专题性预测。

（二）按预测的期限，分为长期预测、中期预测、短期预测和一次性预测

长期预测指对五年以上的市场变化及其发展趋势的预测。长期预测主要是为了企业的长期战略发展或为企业扩大规模，增加投入等重大经营决策提供依据。

中期预测指对一年以上、五年以下的市场变化预测。中期预测主要是为企业在市场竞争中如何取得有利的市场份额而提供市场发展和变化的依据。

短期预测指对一个季度以上、一年以下的市场变化预测。短期预测主要为企业制订年度营销计划和方案、调整产品结构以适应市场变化提供依据。

一次性预测指企业根据市场营销促销方案，进行促销行为策划，而对策划内容

的特点、目标和需求进行的预测。

（三）按预测的对象，分为单项产品预测、相关产品预测和产品需求总量的预测

单项产品预测是对体育某一具体产品（如新开发的产品）的市场供求变化所作的预测；相关产品预测指对体育同类型产品（如体育企业开发的练习场产品）的市场需求进行的预测；产品的需求总量预测，指对球会或俱乐部所提供的各种产品消费需求总量进行的预测。

（四）按预测的具体内容，分为潜在市场需求预测、市场占有率预测、市场销售量预测、产品生命周期预测等等。

一般来说，企业对市场内容预测以销售预测为重点。

（五）按预测方法划分，可分为定性预测与定量预测

定性预测是对未来市场的需求变动趋势在性质上或程度上所进行的预测。由于缺乏数据的分析和计算，预测值的准确度不够高。定量预测是根据已知的各种数据资料，利用预测模型，对未来一定时期市场需求的发展趋势进行预测。只要拥有充分的数据和选用符合市场需求变化规律的预测模型，定量预测的结果就能具有相当高的准确度。

四、体育市场预测步骤

体育市场预测是一项非常严谨的系统工程，因此，体育企业在进行市场预测时，应遵循正确的步骤。

（一）确定预测目标

进行体育市场预测时，要确定预测目标，明确预测对象所要解决的问题，明确预期达到的目的和要求。预测的目标不同，所需的资料和采取的方法不同。

（二）制订计划

制订计划主要包括预测工作的组织领导、参加人员的选定、具体预测业务内容、资料收集方案、各个阶段的完成日期、在预测过程中发现新问题时的应急措施等。制订的计划要尽可能使预测过程能够有序进行，使预测工作能反映客观要求。

（三）收集资料

资料来源主要有两类：一类是内部资料，如本企业的年度报表，财务状况、人力资源情况、业务水平和各种相关资料；另一类是外部资料，如竞争者相关资料、国家相关统计数据、有关研究机构的研究成果、各种与预测有关的调查报告等。收集资料时，既要注意与预测目标直接有关的信息因素，也要注意可能对预测目标未来发展变化造成较大影响的间接有关信息因素。

（四）选择方法

预测的方法有很多，每种方法都有其优缺点及适用范围。选择什么样的预测方法，应根据预测目标和要求、现有资料的掌握以及预测过程的实际条件来确定。

（五）建立模型

预测模型是对被预测的事物过去和现在发展规律性的模拟和演示，只有当模型有效时才能用于实际的预测。

（六）实际预测

预测模型选定后，需要对预测期内的具体条件进行详细分析和确定。

（七）预测报告

在撰写预测报告前，应对预测结论进行分析判断，其预测结论误差应在允许的范围之内。报告的内容一般包括预测方法、预测过程叙述、预测结果以及对未来工作的建议等。

第三节　体育市场预测方法

一般来说，从确定市场预测量的角度来看，市场预测方法可以分为定性预测方法和定量预测方法两大类。定性预测主要有类推预测法、判断预测法、专家意见预测法、消费者意见预测法、市场试销预测法等，定量预测主要有时间序列预测法等。

一、类推预测法

类推预测法是指根据人们过去的实践经验或历史的研究成果，来研究与之相类似或对预测对象的发展有一定参考价值的事物实际发展过程，并认识它们的变化规律，从而对未来市场变化趋势做出合乎逻辑的推理和判断。

用类推预测法进行预测时，首先应找到可以用于本预测类推的类似参照对象，研究它们的发展过程和条件。如体育健身俱乐部的运营管理模式是从国外引进的，其有着悠久的运营管理经验，形成了相对固定的运营管理模式。国内体育健身俱乐部可以通过对国外俱乐部的发展过程、经营环境及相关条件进行分析和研究，有选择地借鉴其运营管理方法。

二、判断预测法

判断预测法又称"意见判断法"或"经验判断法"，以依据企业领导层和专业人员及预测人员的经验和判断能力为基础，经过分析综合，来判断未来的市场情况。判断预测法可分为两种。

（一）个人判断法

个人判断法就是体育组织的高层经理和基层业务人员根据对客观情况的分析和自己的经验，对体育市场需求做出主观判断来预测市场未来情况的预测方法。个人判断法要求预测者一般具备丰富的经营经验和敏锐的直觉，专业知识丰富，这样才能弥补统计资料的不足，节约预测成本。但由于此法预测的精确性取决于经验的判断，在某种程度上缺乏足够的科学依据，每个人的能力、判断力和直觉均不同，可能会影响预测的准确性。

（二）综合判断法

综合判断法就是对经营主管人员、基层专业人员和其他有关方面的判断结果进行判断分析，广泛交换意见，然后将这些不同人员的预测结果进行综合，列出推定平均值的计算方法，得出最后预测结果。

其公式为：

$$Y = \frac{a + 4b + c}{6}$$

式中：

Y——预测值，即推定平均值；

a——最乐观估计值，即为推定最大值；

b——最可能估计值，即为推定中间值；

c——最悲观估计值，即为推定最小值。

三、德尔菲法

德尔菲法又称"专家意见预测法"，是一种集中多人智慧、以专家的经验和判断进行预测的方法。德尔菲法是向一组专家分别征询意见，专家之间互不见面，只与调查单位联系。

德尔菲法操作步骤是：首先拟定调查课题、列出调查表，并提供有关背景资料；其次，选择具有与预测项目有关的和专业知识、工作经验、有一定社会声望的专家，以便取得较为全面的信息；第三，进行第一轮调查，专家们根据要求对预测事物提出个人判断和分析，并说明依据与理由；第四，将第一轮结果集中整理后，分送给专家，进行第二轮调查，要求专家补充、修改各自预测，并加以说明或评论；第五，经过反复征询意见，得出一致意见，形成最后的统一预测结果。

四、体育消费者反馈信息预测法

体育消费者反馈信息预测法是指通过多种方式调查询问体育消费者消费后的意见的一种方法。调查询问消费者意见的方法很多。采用何种方法应根据预测事物的实际情况来确定，但调查面应具有广泛性、代表性和真实性，否则预测的误差就会很大。

五、时间序列预测法

时间序列预测法是最常见的定量预测法。时间序列预测法是通过收集和整理预测事物过去的资料，从中找出过去该事物随时间变化而演变的趋势，将其不同时期的数值按照时间序列排成一个数列进行分析，从而做出预测结果的一种方法。时间序列预测法的特点是简便、容易掌握，一般适用于短期市场预测。时间序列预测法有下列常见的几种。

（一）简单平均预测法

简单平均预测法是指以过去一个时期实际销售量的平均值作为下一期预测值的预测方法，也称"算术平均法"。其公式为：

令 $X_1, X_2, X_3 \cdots, X_n$ 为 n 期的资料，依据预测法定义，$\bar{X}$ 可以按下式求之。

$$\bar{X} = \frac{X_1 + X_2 + X_3 + \cdots + X_n}{n} = \sum_{i=1}^{n} \frac{X_i}{n}$$

式中：

$\bar{X}$——预测值

n——时期数，为选取的观察值个数

X_i——各期销售量

（二）增量简单算术平均预测法

增量简单算术平均预测法是指以过去时期的实际销售量的平均变动值加上最末一期的实际销售量作为预测值的一种预测方法。其公式为：

令 $X_1, X_2, X_3, \ldots X_n$ 为 n 期的资料，则 X_{n+1} 可以按下式求之：

$$X_{n+1} = X_n + \frac{\sum_{i=1}^{n-1} \Delta i}{n-1}$$

$$= X_n + \frac{(X_2 - X_1) + (X_3 - X_2) + \cdots + (X_n - X_{n-1})}{n-1}$$

式中：

X_{n+1}——预测值

n ——时期数

$\triangle_i = X_{i+1}$——X_i……各期变动值

对于各期变化趋向呈规律性（如逐渐上升或逐渐下降，且升降幅度基本一致）的情况，比较适合于增量简单平均法进行预测。

（三）算术移动平均预测法

算术移动平均预测法是指把过去若干时期销售实际数据相加，求算术平均值，并随时间向后移动，根据最近期销售的新数据来不断修正平均值。作为预测期的销售数据的一种定量预测方法。其公式为：

$$X_{n+1} = \frac{X_n + X_{n-1} + X_{n-2} + \cdots + X_{n-k+1}}{K}$$

式中：X_{n+1}——预测值

n——实际期数

K——计算期数

此方法所选择的期数主要根据历史资料来具体决定的，既要包括足够的期数，以抵消随机波动的影响，但期数又不能过多，要除去早期作用不大的数据。

（四）加权算术平均预测法

加权算术平均预测法是指在计算过程中逐步加大近期实际销售量在平均值中的权数，然后予以平均，以确定预测值的预测方法。权数的确定是根据以前各期销售额实际对预测期的影响程度来确定的，各期权数之和应等于1。其公式为：

$$X_{n+1} = \frac{\sum_{i=1}^{n} f_i x_i}{\sum_{i=1}^{n} f_i} :$$

式中：f_i——各期权数

（五）加权移动平均预测法

加权移动平均预测法，就是根据观察期各资料数据的时间数列，分别给予不同权数后，再算出加权数移动平均数的方法。一般给近期的数据以较大权数，给远期的数据以较小的权数。其公式为：

$$X_{n+1} = \frac{X_n \times f_n + X_{n-1} \times f_{n-1} + \cdots + X_{n-k+1} \times f_{n-k+1}}{f_n + f_{n-1} + \cdots + f_{n-k+1}}$$

式中：K——计算期数

同样，权数值的确定，一般是根据各资料数据的时间数列对预测期影响程度和预测人员的经验来判定的，各权数值之和须等于1。

（六）指数平滑预测法

指数平滑预测法是在移动平均预测法的基础上发展起来的一种方法，其所起的作用与加权移动平均预测法是一样的。但它不是用加权的方法，而是采用一个平滑系数来调整实际数字。其公式为：

$$F_t = aS_{t-1} + (1-a)F_{t-1}$$

式中：F_t——某期的预测值

$\quad\quad S_{t-1}$——紧前期的销售量

$\quad\quad F_{t-1}$——紧前期的预测值

$\quad\quad \alpha$——平滑系数（$0 \leq \alpha \leq 1$），通常确定为 0.1 ~ 0.3

采用这种方法的目的在于按照一定的比例由远到近逐期缩小远期资料的影响，加强近期资料的影响。在实际预测中确定平滑系数值是一个关键问题，一般是根据本期预测值与本期实际值之间差异大小来确定：当两者差异大时，平滑系数值就大一些；当差异小时，平滑系数就小一些。

以上介绍的预测方法各有其优缺点，各有不同的适用条件，体育企业在具体选择预测方式过程中，应视具体的预测事物、预测目标、预测要求和其他预测条件进行选择。

【复习思考题】

1.体育市场调研概念与内容。

2.请阐述体育市场调研的类型有哪些。

3.请分析体育市场调研应注意哪些问题。

4.请分析体育市场调研分为哪几个步骤。

5.请结合实例谈谈体育市场调研方法有哪些。

6.结合实际谈谈如何进行体育市场调研资料的评估。

7.体育市场预测概念与作用。

8.体育市场预测的种类有哪些。

9.请谈谈体育市场预测分为哪几个步骤。

10.某体育产品生产企业对下一年度的销售情况进行预测，5位主管及营销业务人员的预测结果分别为600万元、580万元、570万元、540万元、540万元，请利用综合判断法求出某体育产品生产企业下一年度的销售额。

11. 某体育产品生产企业1～6月份销售额分别为12万元、11万元、14万元、12万元、13万元、12万元，请运用简单平均预测法预测出7月份营销额。

12. 某体育用品公司2018年至2022年的销售额分别为300万元、350万元、355万元、365万元、370万元，用增量简单算术平均预测法来预测2023年度的销售额。

13. 某球会1～6月份会籍营销额分别为300万元、310万元、320万元、330万元、350万元、380万元，请利用算术移动平均预测法预测出7月份销售额。

14. 某体育用品公司1～4月份会籍营销额分别为300万元、310万元、320万元、340万元，并设1～4月份权数分别为0.1，0.2，0.3，0.4，利用加权算术平均预测法预测5月份销售额。

15. 某健身俱乐部1～5月份会籍销售额分别为310万元、340万元、320万元、310万元、320万元，并设6、7、8月份加权数分别为0.1，0.2，0.7，请用加权移动平均预测法预测出9月份销售额。

第十章

供应链管理

【本章提要】

随着市场竞争的加剧，体育生产和服务企业运营活动越来越依赖于他们的合作者——供应商，供应链管理也变得更为重要。本章主要阐述了供应链及供应链管理的概念、供应链系统设计的步骤、供应链管理模式，并对供应链管理的主要要素进行了分析，如物流管理的概念，传统物流与现代物流的区别，第三方物流、第四方物流和反向物流；电子商务的概念和电子商务运营模式；供应链合作关系的概念、类型，选择供应链合作伙伴的原则，建立合作伙伴关系的步骤和评价指标；采购管理概念、准时化采购的基本思想、准时化采购与传统采购的区别、供应链管理环境下采购的模式与传统采购模式的特点及采购中的道德问题，以实现体育产品生产和服务企业供应链的集成化管理。

【名词解释】

1.供应链管理（Supply chain management，SCM）。是一种集成的管理思想和方法，它执行供应链中从供应商到最终用户的物流的计划和控制等职能。

2.物流管理（Logistics Management）。是指在社会再生产过程中，根据物质资料实体流动的规律，应用管理的基本原理和科学方法，对物流活动进行计划、组织、指挥、协调、控制和监督，使各项物流活动实现最佳的协调与配合，以降低物流成本，提高物流效率和经济效益。

3.电子商务。是以商务活动为主体，以计算机网络为基础，以电子化方式为手段，在法律许可范围内所进行的商务活动过程。

4.供应链合作关系。是指企业为实现某个特定的目标或效益，在供应链内部两个或两个以上独立的成员之间形成的一种合作关系。建立供应链合作伙伴关系的目的旨在通过提高信息传递与共享，减少整个供应链产品的库存总量，降低成本和提高整个供应链的运营绩效。

5.采购管理。是指从计划下达、采购单生成、采购单执行、到货接收、检验入库、采购发票的收集到采购结算的采购活动的全过程，对采购过程中物流运动的各个环节状态进行严密的跟踪、监督，实现对企业采购活动执行过程的科学管理。

【引导案例】

传统体育用品销售模式面临挑战

电子商务作为衡量一个国家经济发展的重要指标。电子商务与传统销售渠道相结合将是众多传统企业的必然选择。自1993年电子商务引入中国以来，至2009年中国电子商务整体交易规模已达到3.6万亿元，得到迅猛发展。我国许多体育用品企业将其作为提升企业竞争力、多元化销售渠道的重要手段。

全球零售业经历了100多年的发展，从实体终端发展到现在的虚拟销售。我国体育用品销售模式单一，面临的市场竞争更为激烈，体育用品店经营艰难。通常，体育品牌连锁店是自主品牌，产品主要是以服装和鞋为主，自营与特许加盟是主要的经营和扩张模式，目前这种形式是国内体育用品零售市场最主要的销售方式之一，如李宁、耐克、阿迪达斯等。

渠道销售对于体育品牌企业来说有着至关重要的地位，知名体育用品企业与这些零售公司都有合作，已经掌握零售市场终端的话语权。这些零售巨头的出现将冲垮大量的小代理商，对市场主要集中在二、三线市场的国内体育制造企业来说，这将加重产品对零售巨头的依赖，企业产品进入市场渠道的过程中，零售巨头将动摇体育用品企业的话语权。

电子商务这一新的经济运作模式为企业降低了产供销成本，提高了运营效率，开拓了新的市场，让企业的产品全部展示在消费者面前，帮助企业减少库存压力，创造新的商机，获取了更多的价值。现在许多企业借助电子商务已经以不同的方式实现企业产品的线上营销和线下管理的优化。如国内领先的体育用品电子商务企业酷运动，其将电子商务管理和传统体育用品企业资源管理进行整合，为体育用品企业提供一个与消费者沟通及展示产品的平台，不断拓展并联合优秀的体育用品零售机构共同建设专业的正品网络运动城，目前业务已经拓展10个左右的商品种类，并与Nike、Adidas、Lining、Converse、Puma、Umbro等国内外几十个运动品牌合作，深化了各品类品牌的深度和宽度，为各类运动爱好者提供最全方位的产品。酷运动实现了B2C或B2B模块外，还更好地整合传统企业的供应链资源，为企业真正实现提供更加便捷、全面的运动产品及器材来满足不同消费者的需求。

但随着科技的快速发展，直播带货，作为优势明显的创新销售模式，变革了电商销售模式，弥补了传统电商销售模式存在的不足。在传统电商销售模式下，消费者从购物网站中获取的产品信息是不全面的，不仅难以判断产品是否真正符合自己的需求，也缺少了购物过程中的互动体验。但直播带货恰好解决了这些问题，消费者通过主播对产品的介绍及试用可获得更加全面信息。直播带货不同于传统电视购物模式，能够实现主播与消费者之间的实时互动，使消费者获得更好的购物体验。2019年《直播生态发展趋势报告》中指出，直播带货已经成为推动电商发展的新动力，"电商+直播"发展力极强，将促成一个千亿级市场。

讨论题：请结合案例谈谈传统体育用品销售面临的挑战。

资料来源：《北京商报》资料整理 2019

第一节　供应链管理概述

一、供应链的概念

目前，供应链还没有统一的定义，许多学者从不同的角度给出供应链的不同定义。

传统供应链的概念只局限于企业的内部操作，从企业外部原材料的采购到生产再到顾客的过程，其注重的是企业自身资源的有效利用。

而随着企业与外部联系的扩展，企业由将供应链中不同的制造商、分销商和零售商纳入自己的重点研究范围到供应链中企业的战略合作伙伴的网络关系，可见，它将企业的生产活动进行了前伸和后延。向前延伸就是将供应商的活动看作自身生产活动的组成部分进行控制和协调，如日本丰田公司的精益协作方式；后延是指将生产活动延伸至产品的销售和服务阶段。

综上所述，供应链是围绕核心企业，通过对信息流、物流、资金流的控制，从采购原材料开始，制成中间产品以及最终产品，最后由销售网络把产品送到消费者手中的将供应商、制造商、分销商、零售商直到最终用户连成一个整体的功能网链结构模式。

因此，供应链不仅是一条连接供应商到用户的物流链、信息链、资金链，而且是一条增值链，物料在供应链上因加工、包装、运输等过程而增加其价值，给相关企业带来收益。如图10-1所示。

从图10-1中可以看出，供应链是由所有加盟的企业组成。通常，在这些加盟企业中有个核心企业，它既可以使产品制造企业，也可以使零售商、加盟企业在需求信息的驱动下，通过供应链的职能分工与合作（生产、分销和零售等）实现整个供应链的增值。一般来讲，每个企业至少是供应链的一部分，多数企业是多个供应链的一部分。

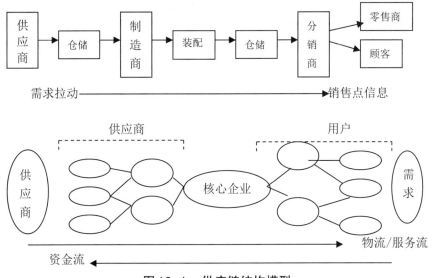

图 10-1 供应链结构模型

二、供应链管理的概念及要素

(一) 供应链管理

供应链管理（Supply chain management，SCM）是一种集成的管理思想和方法，它执行供应链中从供应商到最终用户的物流的计划和控制等职能。从单一的企业角度来看，是指企业通过改善上下游供应链关系，整合和优化供应链中的信息流、物流、资金流，以获得企业的竞争优势。

供应链管理的基本思想就是"横向一体化"，即把原来由企业自己生产的零部件外包出去，充分利用外部资源，于是就跟这些企业成了一种水平关系，形象地称其为"横向一体化"。

供应链管理是企业在战略和战术上对企业整个作业流程的优化，实现了企业的有效性管理。供应链管理整合并优化了供应商、制造商、零售商的业务效率，实现全局最优的目标。

(二) 供应链管理要素

供应链管理是对企业内部的各种职能与其整个供应链进行战略性的协调。供应链管理的目的是对供给与需求进行管理。企业为了获得并掌握消费者的需求，在供应链的每一个环节都将需求转变为相应的活动。见表 10-1 供应链管理要素。

表 10-1　供应链管理要素

要素	主要内容
产品和服务设计	目标顾客真正需要的产品和服务是什么，预测目标顾客需求的数量和时间，平衡顾客需求和生产能力及投入时间的关系
运营能力	平衡供给与需求之间的关系，控制产品和服务质量，监控工作进度安排
库存	平衡需求与库存成本之间的关系
采购	选择评估供应商，建立合作联盟
供应商	管理供应商，维系其合作关系
选址	选择供应商的位置
物流	最佳的储存和运输原材料

1.产品和服务设计

通过市场调研与预测了解顾客的真正需求，包括产品的数量和时间。企业的生产和配送也是依据顾客对产品和服务的需求来决策的。

2.运营能力

企业将原材料从供应商采购来之后，便开始进行产品的生产和制造，这时一系列的内部运营工作就变得非常重要，为确保企业生产制造的产品数量、质量和提供的时间满足规定的要求，运营管理者需要平衡产品的供给与顾客的需求之间的关系，

3.库存

库存是指为了满足需要而暂时闲置的资源，不仅包括储存的资源，还包括在途资源。库存是确定整个供应链的库存需求、生产协调和进货决策。运输方案的选择直接影响库存和运输成本。库存是供应链管理的一个主要问题，企业需要选择产品生产制造的流程、确定企业的生产和服务能力、平衡库存与管理库存成本之间的关系等。

4.采购

传统的采购方关注采购的价格，运用竞标和短期合同运作方式，导致买方与供应商之间出现了很多问题。目前，企业为了获得持续的竞争优势，开始注重与供应商建立长期的战略合作关系，重视对供应商的综合能力和它对买家长期竞争力影响的评估。而供应商也从这种长期的合作关系、大量的采购方式中获益。

5.供应商

企业需要对供应商进行选择、评估和管理。对众多的供应商进行现有能力的评估，从中选出资质条件好的供应商或评出潜在供应商。特别是对于供应商的认证采

用了国际公认的标准程度，如ISO9000系列认证，这种认证方式减少了买方对产品质量和服务的测试、监督和评估等程序。

6.选址

选址是为生产和运输做考虑。供应商所在的位置对于买方来说极为重要，供应商靠近市场或者靠近供应方有利于运输时间和成本的节约。因此，如何选择供应商所在位置，需要企业综合考虑企业的长期发展战略，做出最终决策。

7.物流

物流是供应链活动的一部分，物流对供应链管理运营的影响最大。供应链中的物流管理水平直接影响着整个供应链的竞争力。

供应链管理主要是针对选址、生产、配送和库存做出决策。

三、供应链设计与管理

（一）供应链系统设计

供应链系统的设计就是要建立以一个重要的企业为核心、联盟上游企业和下游企业的协调系统。如图10-2所示。

（二）供应链管理

企业从传统的管理模式转变为集成化供应链管理模式需要经过以下五个阶段：

第一个阶段是对企业原有的供应链进行分析，分析企业内部和外部环境，确定影响企业供应链管理的因素。

第二个阶段是建立交叉职能小组，处理企业的内部物流，围绕企业的核心职能对物流进行集成化管理，实现职能部门的集成优化。

第三个阶段是将企业内部供应链与外部供应链及顾客集成起来，实现企业的直接控制。

第四个阶段是实现集成化供应链管理，将企业内部供应链与外部供应商和顾客集成起来，形成一个集成化的供求网链，并与主要供应商建立良好的战略合作伙伴关系。

第五个阶段是集成供应链的动态战略联盟。为了有效应对市场的变化，柔性、速度等需要，建立一个网链化的企业结构，形成供应链共同体，占据市场主导地位。

四、绿色供应链管理

绿色供应链管理是指企业从资源的开发到产品的消费过程是以环境和资源的最

小化破坏和消耗为原则，对整个供应链上企业的物流、信息流和资金流进行集成化管理，平衡社会效益、经济效益和环境效益关系，实现资源的最佳配置和利用，提高供应链的可持续发展。绿色供应链管理是一项长期的战略决策，需要企业从战略和价值链角度对供应链的整个流程进行管理和控制。

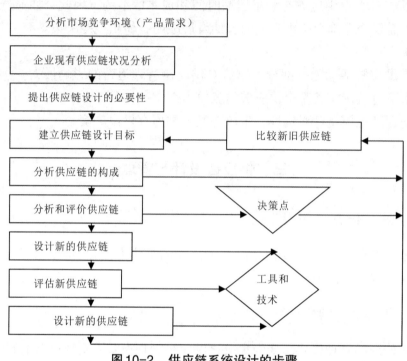

图10-2 供应链系统设计的步骤

第二节 物流管理

一、物流的概念

物流是指为了满足客户需要而对物料、商品、服务、现金以及相关信息从产地到消费地的高效、低成本流动和储存进行的规划、实施与控制的过程。物流不仅包括左右生产过程的所有有形物体，如原材料、设施等，还包括在组织机构内部的所有流动的物料、监控物品以及信息。企业内部物流如图10-3所示。

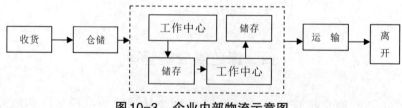

图10-3 企业内部物流示意图

企业从收货开始到仓储，然后从工作中心到另一个工作中心，再到最后一个工作中心，中间有短暂的储存，最后到一次性储存、包装运输。在物流移动过程中需要认真协调物料抵达目的地的时间，避免物流的损坏和丢失。

物流的活动功能主要包括货物的运输、保管、流通加工、包装、装卸、物流信息（货物数量和质量管理等）和商流信息（订货和发货等）。

二、物流管理

（一）物流管理的概念

物流管理（Logistics Management）是指在社会再生产过程中，根据物质资料实体流动的规律，应用管理的基本原理和科学方法，对物流活动进行计划、组织、指挥、协调、控制和监督，使各项物流活动实现最佳的协调与配合，以降低物流成本，提高物流效率和经济效益。现代物流管理是建立在系统论、信息论和控制论基础上的。

物流管理的基本内容包括物流战略管理、物流作业管理、物流成本管理、物流服务管理和物流组织与人力资源管理。

物流管理的特征为：提高顾客的满意度（它作为首要目标），注重生产流通渠道的物流运动，追求整体最优，兼顾效益和效率的原则，以信息为核心的供应链体系，对商品运动的全面管理。

（二）传统物流与现代物流的区别

传统物流管理的目的就是要在尽可能最低的总成本条件下实现既定的客户服务水平，即寻求服务优势和成本优势的一种动态平衡，并由此创造企业在竞争中的战略优势。简单地说，就是把合适的产品以合适的数量和合适的价格在合适的时间和合适的地点提供给客户。

现代物流管理是指由运输、存储、包装、装卸、流通加工、配送和信息诸环节构成的一个系统，通过利用现代管理方法和现代技术，将系统中各环节作为一个整体系统来进行统一的组织和管理，打破原有系统中各环节所具有的各自功能、利益和观念，系统的效益是对全部环节的影响因素进行分析和评价，不再单纯地追求各环节的最低成本，如过分强调包装材料的成本节约，却导致易于破损造成运输费用的上升，而是强调要进行系统的总成本最低，提供有竞争优势的客户服务，最大限度地满足目标顾客的需求。

三、第三方物流

目前，随着第三方物流的介入，物流管理已扩展到包括供应链上下游企业之间的协调管理上，在供应链中作业越来越重要。

第三方物流是指由专业公司提供的物流服务。专业公司具有专业的物流业务知识、良好的信息系统和高效的运转能力，许多公司将仓储和配送业务全部或部分交给专业公司。通常，专业公司不拥有商品，只是为顾客提供仓储、配送等物流服务。

四、第四方物流

第四方物流是指以供应链整合为主，向企业提供完整的物流解决方案，与第三方物流提供低成本的专业化服务相比，第四方物流能够控制和管理整个物流过程，对整个物流过程提供战略策划方案，并通过电子商务将这个物流过程集成起来，以实现快速、高质量、低成本的物流服务。

五、反向物流

反向物流是指货物从最终端向供应链的反向流动。由于产品存在问题，导致部分货物被退回。反向物流包括返回的货物处理、检查、维修。反向物流的目的是将返回的货物恢复价值或者处理不能销售的货物。在退货管理过程中，需要严格控制、检查和筛选以避免接受了不应该返回的货物，从而降低退货成本。

第三节　电子商务

一、电子商务的概念

目前，不同学者和专家对电子商务做出了不同的定义，总的来说，电子商务是指各种商务活动主体（生产企业、商贸企业、金融机构、政府机构、个人消费者等）利用计算机技术、网络技术，实现商务活动的过程。

二、电子商务的分类

按照电子商务的交易对象分类，可以分为企业对企业的电子商务，企业对消费者的电子商务，企业对政府的电子商务，消费者对政府的电子商务，消费者对消费者的电子商务，企业、消费者和代理商三者相互转化（ABC）六类。前面三种类型应用较为广泛。

（一）企业对企业的电子商务模式（简称"B2B 模式"）

企业对企业的电子商务是企业之间通过专用网络进行商务活动的运行模式。它包括企业与其供应商之间的采购，物料管理人员与仓储、物流公司的业务协调；销售部门与其产品批发商、零售商之间的协调等。从交易形式看，企业间的网络业务主要有两类：企业自建网站和中介服务网。前者多数是产业链长、伙伴多或专业性强的大型制造商、批发商、零售商或跨国公司，主要用于公司内的业务及对供应商、销售商的服务；后者主要是面向中小型企业提供产品的采购、信息和销售等方面的在线服务。

（二）企业对消费者的电子商务（简称"B2C 模式"）

企业对消费者的电子商务是指企业与消费者之间借助于因特网所开展电子商务活动。B2C 能迅速吸引公众和媒体的注意力，是近年来各类电子商务模式中发展较快的一个。其主要原因是因特网的发展为企业和消费者之间开辟了新的交易平台。

（三）企业对政府的电子商务（简称"B2G 模式"）

企业对政府的电子商务模式是指企业与政府机构之间进行的电子商务活动。如网上竞标。由于活动是在网上完成的，减少中间环节，提高政府办公的公开性和透明度。政府可以通过这种方式树立政府形象，还可以实施对企业的行政事务管理，如政府用电子商务方式发放进出口许可证、开展统计工作、网上办理交税和退税等。

三、B2C 电子商务运行模式

B2C 电子商务等同于网上商店或称"在线零售商店"，它是指企业通过互联网为消费者提供一种新型的消费方式。消费者在网上购买商品或服务，并在网上支付，节省了消费者和企业双方的时间和空间，如图 10-4 所示。

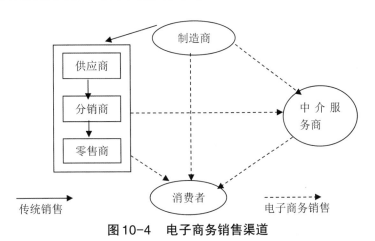

图 10-4　电子商务销售渠道

目前，B2C电子商务使用较多的有网上商店和网上订阅两种模式。

（一）网上商店模式

网上商店模式是指消费者通过网上商店选购商品，完成网上支付，享受安全便捷的购物方式。这种方式有利于企业减少实体店面的开设、实现零库存销售。

（二）网上订阅模式

网上订阅模式是指企业通过网页向消费者提供网上直接订阅、直接信息浏览的电子商务模式。网上订阅模式主要提供以下几种服务：一是在线服务。它是指在线经营商通过每月向消费者收取固定的费用而提供各种形式的在线信息服务。二是在线出版服务。它是指出版商通过网络向消费者提供电子出版物。在线出版模式主要靠广告获利。三是在线娱乐。它是指网站通过收取一定的订阅费向消费者提供在线游戏。四是付费浏览服务。它是指企业通过网页向消费者提供计次收费性网上信息浏览和信息下载的电子商务模式。五是广告支持模式。它是指在线服务商免费向消费者或用户提供信息在线服务，而营业活动全部靠广告收入来支持。六是网上赠与模式。它是指企业借助互联网向用户赠送软件产品，扩大知名度和市场份额。通过让消费者使用该产品，从而让消费者下载一个新版本的软件或购买另外一个相关的软件。

四、B2B电子商务运行模式

B2B电子商务模式是指企业之间的B2B电子商务，是利用供应链技术整合企业的上下游产业，利用互联网，以中心制造厂商为核心，将产业上游（原材料和零配件供应商）、产业下游（经销商、物流运输商及产品服务商）以及往来银行结合为一体，构成一个面向最终顾客的完整电子商务供应链，消除了整个网络上不必要的运作和消耗，缩短交货周期，降低库存、采购成本和物流成本，提高响应速度，增强企业竞争力，实现电子商务活动。

从电子商务的发展过程看，B2B电子商务经历了三个阶段：

第一阶段是卖方市场。它是指生产供应商提供销售站点，众多的买方到卖方的站点上进行网络采购。这种方式降低了供应商销售成本，扩展了客户群，并提高了服务质量。

第二阶段是买方市场。它是指采购商建立自己的采购站点，为众多的供应商提供网上供货的机会。这种方式降低采购商的采购成本，使购买力得到增强。

第三阶段是网上交易市场。它是以互联网为基础，利用先进的通信技术和计算机软件技术，将商品供应商、采购商和银行紧密联系起来，为客户提供市场信息、商品交易、仓储配送、货款结算等全方位的服务。

网上交易市场的企业必须具备一定的资格，这个资格就是企业内部必须先有一套合格的电子化生产管理系统，以便与外部信息流对接，实现企业生产、采购、销售全过程的整合信息化。

B2B电子商务模式很多，主要有买方集中、卖方集中和中立网上交易市场模式三种。

（一）买方集中模式

买方集中，也可称之为"集中销售"，是指一个卖家与多个买家之间的交易模式，其结构如图所示。卖方发布产品的销售信息（产品名称、规格、数量、交货期、参考价格），吸引买方前来认购。买方集中平台加快产品的销售过程、新产品的推广，降低销售成本，扩展卖方渠道。

（二）卖方集中模式

卖方集中，也称"集中采购"，类似于项目招标，即一个买家与多个卖家之间的交易模式。买方发布需求信息（产品名称、规格、数量、交货期），召集供应商前来报价、洽谈、交易。这种方式为买方提供更好的服务，汇总了卖方企业及其产品信息，让买家综合对比，绕过分销商和代理商，加速买方的业务开展。

（三）中立网上交易市场模式

中立网上交易市场模式是指由买方与卖方之外的第三方投资而自行建立起来的中立的网上交易市场，提供的买卖多方参与的竞价模式。这种模式信息对称、流畅、互动，是实现公平交易的理想模式。

第四节 供应链合作关系管理

一、供应链合作关系概念

供应链合作关系是指企业为实现某个特定的目标或效益，在供应链内部两个或两个以上独立的成员之间形成的一种合作关系。建立供应链合作伙伴关系的目的旨在通过提高信息传递与共享，减少整个供应链产品的库存总量，降低成本和提高整个供应链的运营绩效。供应链合作关系是供应链战略管理的重点，也是集成化供应链管理的核心。

二、供应链合作关系的发展历程

在20世纪60~70年代，供应链上的节点企业之间的关系还处于传统的关系模式中；而到70～80年代，随着产品革新技术的发展，企业之间开始注重物流关系的管理；90年代后期，企业之间开始注重战略合作伙伴关系的管理；将来企业之间关系趋向于网络资源管理，如图10-5所示。

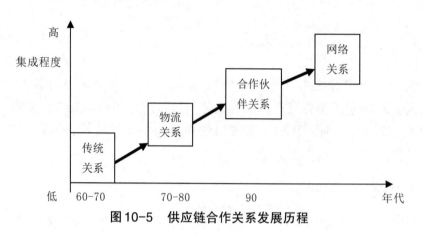

图10-5　供应链合作关系发展历程

三、建立供应链合作伙伴关系的意义

（一）降低库存

通过建立供应链合作伙伴关系可以共享供给与需求的信息，使许多不确定的因素明朗化，降低了库存。

（二）快速响应市场

集中供应链上各节点企业的核心竞争力，充分发挥各方的竞争优势，快速开展新产品的设计、开发与制造，有效缩短了产品响应市场的时间，充分发挥出各企业的核心竞争优势，获得竞争地位。

（三）增加顾客的满意度

整个供应链的集成化管理，从产品设计、开发、生产制造、运输到售后服务，最大程度地提高了顾客的满意度。

四、供应链合作伙伴类型

供应链合作伙伴类型可以用坐标轴来表示，其中纵轴代表的是合作伙伴在供应链中的增值作用，对于一个合作伙伴来讲，增值率越大，对供应链中的企业吸引力就越大；横轴代表的是某个合作伙伴的竞争力状况，表现为设计能力、项目管理能力等方面。如图10-6所示。

图10-6 供应链合作伙伴类型图

在实际运作中，企业应根据不同目标选择不同类型的合作伙伴。一般来讲，从企业的长期发展战略着想，应选择合作伙伴具有较高的竞争力和增值率，选择战略性合作伙伴较好；从中期发展战略考量，企业应选择影响力较大的竞争性或技术性合作伙伴；至于短期发展战略，企业应注重保证成本最小化的原则，应选择普通合作伙伴满足需求。如耐克公司将供应商分为不同的等级，对其分别采取不同的合作策略。参与耐克公司产品创新的供应商处于供应链的最高端，它是耐克公司的合作投资开发者；而位于第二层的是垂直一体化的耐克产品制造商，它为耐克公司生产了大批量的低成本的产品；世界各地的合作供应商位于供应链的第三层，耐克公司通过这些供应商获得了低成本快速反应的竞争优势。

五、选择供应链合作伙伴的原则

选择供应链合作伙伴的原则主要有以下四点：

（一）企业高层领导的支持和信任

企业高层领导之间需要建立并保持良好的信任关系，这样才能保证供应链企业之间的良好合作关系。

（二）拥有相近的企业战略思想和价值观

为解决企业结构与文化之间的障碍，建立统一的运作模式或体制，解决企业间业务流程和结构上的不协调问题。

（三）合作伙伴能力和兼容性

企业之间在各自能力、市场定位、地理位置、管理等方面的兼容性。

（四）合作伙伴相互间的信任

在实际运作管理过程中，企业之间的相互信任尤为重要。为取得竞争优势，形成战略联盟，企业之间需要紧密合作，加强信息共享、技术支持和交流。

六、评估合作伙伴的内容

评估合作伙伴的内容主要包括对合作伙伴的设施、质量、财务、成本结构、生产作业计划与控制及合同的执行情况进行分析和评估。

七、建立合作伙伴关系的步骤

一般，建立合作伙伴关系分为四个步骤：

第一，分析市场竞争环境（需求、必要性）。

第二，确定标准、选择供应商、选择合作伙伴。

第三，正式建立合作关系。

第四，实施和加强战略合作关系。通过激励手段，给予供应商价格折扣和柔性合同，以及持有股权等方式与合作伙伴维持好的合作关系。

八、合作伙伴关系的评估

为建立战略合作伙伴关系，需要对供应链中的合作伙伴进行有效的评价。表10-2列出了常用的合作伙伴关系评价指标。

表10-2　常用合作伙伴关系评价指标

序号	评价指标	主要内容
1	价格、成本和质量	产品、库存、运输的成本及生产质量监控
2	送货、客户需求的满意程度	速度是否准时、可靠，团队工作效率，对客户需求的反应速度
3	环保问题	是否符合环保要求、认证
4	商业指标	声誉度、投资回报率、商业信用等级

第五节　采购管理

一、采购管理概念

采购管理是指从计划下达、采购单生成、采购单执行、到货接收、检验入库、采购发票的收集，到采购结算的采购活动的全过程，对采购过程中物流运动的各个环节状态进行严密的跟踪、监督，实现对企业采购活动执行过程的科学管理。

二、准时化采购的基本思想

准时化采购（又称为JIT，just in time采购法），它是一种先进的采购模式。是由准四化生产管理思想演变而来的。准时化采购的思想是：将合适的数量和质量的物品，在合适的时间供应到合适的地点，最大化地满足顾客的需要。为了减少库存和不必要的费用而采取程序性的改进。准时化采购可以减少库存，加快库存周转，缩短订货提前期，降低了企业的采购成本和经营成本，提高了企业的竞争力。

三、准时化采购与传统采购的区别

准时化采购与传统采购的区别如表10-3所示。

表10-3　准时化采购与传统采购的区别

项目	准时化采购	传统采购
基本性质	基于需求采购	基于库存的采购
	供应方主动型	需求方主动型
	合作型采购	对抗性采购
信息关系	信息共享	信息保密
采购批量	小批量多次数	大批量少次数
供应商选择	长期合作，单源供应	短期合作，多源供应
协商内容	长期合作关系、质量和价格合理	最低价格
运输	小批量、多次连续送货	大批量、少次连续送货
库存关系	供应商控制库存，需求方可以不设仓库，零库存	需求方控制库存，需求方设立仓库，高库存
双方关系	关系友好，责任与利益共担享	关系紧张，责任与利益不共担、不共享
验货工作	免检	严格检查

四、供应链管理环境下采购的模式与传统采购模式

（一）传统采购模式的特点

传统采购过程是典型的非信息对称过程，供需关系是临时性的或短时期的合作关系，双方竞争多于合作，响应顾客的需求能力较差。图10-7为传统的采购业务模式。

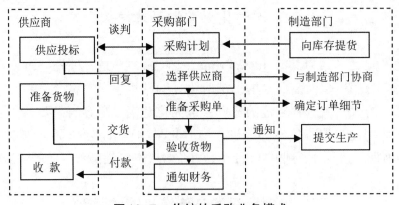

图10-7　传统的采购业务模式

（二）供应链管理环境下采购的模式

供应链管理环境下采购的模式是从为库存采购到为订单采购的转变过程。图10-8为供应链下订单驱动采购模式。

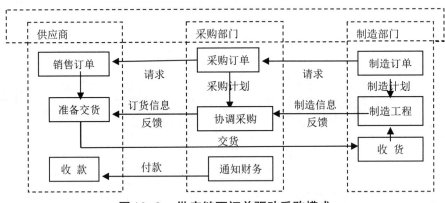

图10-8　供应链下订单驱动采购模式

传统采购管理企业与供应商之间缺乏柔性和对需求快速响应的能力。准时化思想出现以后，为提高采购柔性和市场响应能力提出更高要求，需增加与供应商的信息联系和合作，建立新的供需合作模式。实现有效的外部资源管理，制造商应和供应商建立一种长期的互惠互利战略协作伙伴关系，通过信息传递和共享提高产品的质量改善和质量保证，并将供应商也纳入产品设计和产品质量控制过程，减少库存和风险，降低采购成本，提高企业的市场竞争力。

五、采购策略

体育用品生产企业的采购策略主要有以下三个方面：

一是，体育用品生产企业需要与少数供应商建立长期的合作关系，并根据物资供应的特点，采用不同的供应商合作关系。如表10-4所示。

表10-4 供应商类型与合作特点

供应商类型	合作特点
核心层供应商	适用于顾客化的物资,需要在人员、资本等采取紧密的合作
紧密层供应商	适用于顾客化的产品,需要采取联合开发等密切合作方式
一般供应商	适用于标准化产品、通用产品,在产品开发与制造活动的协调较少

二是,尽可能选择距离近的供应商,实现小批量、多频率供货。

三是,需求供应商实施准时供应计划,改善其生产与供应系统。

六、采购中的道德问题

道德行为在商业活动的各方面都显得尤为重要。道德行为在采购过程中也同样重要。国家采购管理联盟制定了一套道德行为的标准,如表10-5所示,这些标准需要采购管理者予以深刻的思考和实际行为的坚守。

表10-5 采购中道德行为方针

原则:

1.对雇主忠诚

2.公正对待你要应付的人

3.忠于职守

采购实践的标准:

1.避免出现不道德或妥协的事情

2.遵从你的雇主合法的指示

3.避免同你的雇主相违背的个人行为

4.避免要求或接收来自目前或可能的供应商的礼物、关心或服务

5.对雇主或供应商的信息要负责保密或保护

6.在你工作的每一方面都要谦虚公正

7.避免限制竞争的互惠协定

8.了解和遵守法律管理采购的规章和精神

9.展示对小型、没有优势和少数所有公司的支持

10.避免参加雇主发起的非公司、私人采购活动

11.通过保持对现有和最高道德标准的了解来加强职业性

12.根据外国的法律、风俗和实际来进行国际采购,但是也要遵守本国以及你所在组织的规定和方针

【复习思考题】

1.试阐述供应链及供应链管理、物流及物流管理、电子商务、供应链合作关系的概念。

2.试分析供应链系统设计的步骤有哪些。

3.试分析供应链管理要素包括哪些内容，每一要素的内容需要注意哪些问题。

4.试阐述供应链管理模式分为哪几个阶段，每个阶段的任务是什么。

5.试阐述传统物流与现代物流的区别。

6.试分析第三方物流、第四方物流和反向物流的含义。

7.试举例说明电子商务运营模式主要有哪几种。

8.试说明建立供应链合作伙伴关系的意义。

9.试阐述供应链合作伙伴类型、选择供应链合作伙伴的原则、常用合作伙伴关系评价指标有哪些。

10.试说明建立合作伙伴关系的步骤。

11.试分析准时化采购的基本思想、准时化采购与传统采购的区别。

12.试分析供应链管理环境下采购的模式与传统采购模式的特点。

13.试举例说明体育用品企业采购策略。

【案例分析】

李宁公司供应链的启示

李宁有限公司（"李宁"或"公司"，连同附属公司，总称本"集团"）在2021年收入达225.72亿元人民币，较2020年上升56.1%。李宁公司在其发展过程中，不断调整供应链系统，以应对市场需求变化。李宁公司拥有快速的供应链系统，提升了其企业运营效率，使其由"轻公司"变成"快公司"。2008年李宁公司与湖北省荆门市政府签订建立李宁（荆门）工业园的协议，该工业园由李宁及携手李宁的核心供应商共同打造，其中李宁公司负责物流基地和研发中心的建设，而由李宁公司的拉链、面料和服装供应商合资成立的湖北动能体育用品有限公司为李宁提供运动服装，由李宁公司的两家成品鞋和一家鞋底厂合资成立的湖北福力德鞋业有限公司为李宁提供慢跑鞋、足球鞋、篮球鞋、休闲鞋等各类运动鞋。据李宁公司营运副总董俊介绍，李宁（荆门）工业园投产后，将占到李宁公司整体供应链40%~50%的规模。设在太仓的裕盛工厂（裕元集团子公司）供应的运动鞋占到李宁运动鞋的30%左右。一只运动鞋的零部件有七八十个，需要300多个生产流程才能把物料变成成品鞋，目前裕盛能在1小时内完成一双鞋的生产，与之前相比，效率提高了整整一倍。供应链的集中化，缩短李宁的平均库存天数，资金的利用率得到有效的提高。在2003年时，李宁公司的平均库存天数为160余天，而当时的耐克的平均库存天数为80天左右。改造后的李宁供应链，平均库存天数约为70天左右，供应链的效率大为提高，这也为李宁公司的高毛利率提供一个有力的支撑。但2010年之后，李宁公司也经历了一段产能过剩、库存积压、终端门店导购管理不精细、企业供应链管理水平待提高、传统订货经营模式粗放的阶段。为了解决这些问题，从2014年始，李宁公司通过订货经营模式转变、大数据应用分析、供应链数字化、坚持原创特色设计等一系列措施，扭转了李宁公司亏损局面，从亏损30亿元到2020年盈利144亿元。截至2021年年底，李宁一共开设7137家门店，净增204家。

在李宁集团的发展过程中，一直主动采取积极的态度和方法应对各类市场危机。2019

年有媒体报道，绿色和平组织发布了一项关于NPE材料的调查，众多国际服装品牌，如阿迪达斯、耐克、彪马、匡威、KAPPA、李宁等，都被检测出含有NPE，这引发了大众对纺织品行业环境污染的关注。而在绿色和平组织报告出台之前，李宁已将中国市场中自行抽查产品送至国际权威的检测机构SGS和CTI进行NPE含量检测，检查结果均符合欧盟REACH标准。在近期绿色和平组织公布的对李宁抽样产品检测报告中，所抽查的4件产品NPE含量分别为680毫克/千克、9.8毫克/千克、7.1毫克/千克、2.8毫克/千克，均符合欧盟REACH标准。据了解，NPE是一种基础化工原料，广泛应用于纺织、造纸、清洁、个人护理产品等的制造过程中。与之相关的欧盟REACH标准中，对纺织品生产过程中的化学助剂中添加的NPE的含量规定为不得超过1000毫克/千克，但对纺织品成品中含有的NPE含量至今没有明确规定。李宁明确了三个时间节点的承诺，包括已经采取的措施，4个月的目标和8年的目标。即将NP、NPE等列入化学品控制名单，然后推动供应商在各个环节中严格遵守这一要求。这意味着李宁公司的二级供应商在向一级供应商供货时，被强制要求出具第三方证明，说明产品（比如染料）中NP、NPE的含量达到欧盟标准。虽然由于NP、NPE广泛存在于纺织品生产的整个过程中，整个行业都缺乏技术手段立刻杜绝NP、NPE的存在，但是该措施将在短期内将李宁产品中NP、NPE的含量降到最低。李宁更进一步提出，要于2019年在供应链中最终消除影响环境的化学物质，实现环境友好型排放。这一目标比耐克和彪马公司承诺的2020年要早一年。

2021年李宁集团继续以优化渠道结构和提升效率为核心，加快与优质零售商沟通与合作，促进零售渠道效率优化，增强产品市场覆盖质量。同时，优化渠道建设与布局，完善大店矩阵模式，推进高效率大店策略实施，全面提高店效表现，加快店铺结构优化，加速处理亏损、低效率和微型面积店铺。在零售运营方面，李宁集团不断完善商品规划，按照店铺类型建立月度库存目标管理机制，重点聚焦功能性产品，深化并完善以科技为核心的产品矩阵，强化品牌专业产品驱动力，并积极探索高效率、盈利性单店运营模式，深耕终端业务，推进终端店铺运营的标准化和专业化。在供应链方面，李宁集团的供应链系统持续聚焦"价值供应链"管理模式，协同合作伙伴推动"杜绝浪费，提升效率"的策略，实现更高的生产力和产品力。李宁不断整合供应链资源，加速推动供应链实现从被动生产至主动生产的转变，强化柔性供应和快速反应能力，强调规划、产能管理、资源调控和风险管理，打造精准、高效、灵活、安全的供应链管理体系。在物流服务体系，李宁集团不断调整物流网向区域中心仓储转型，利用物流管理信息化及数字化提高物流服务体系的效率，为零售管理提供物流支持。在电商方面，李宁集团围绕电商核心战略，团队进行目标消费群体分析与消费者互动，兼顾高效率和持续增长的稳定性，务实品牌核心竞争力。李宁电商坚持突破创新，通过新品发售、时装周等方式，开展系列创意营销，重点展开抖音等直播平台，洞察目标市场人群和创意能力等活动，提升核心竞争力。李宁将持续关注在线经营生态、消费者体验标准、商品流通、价格管理等，重点投入大电商战略与生态治理领域，推动电商可持续发展。

资料来源：《中国经济报》 2022

讨论问题：结合案例阐述李宁公司供应链管理策略及其启示。

第十一章

库存管理与物料需求计划

【本章提要】

库存管理与控制是运营管理的主要内容。本章主要阐述了库存的概念、作用、种类、库存管理有关的成本、库存决策与方法以及库存管理策略，以帮助企业有效应对供给与需求的变化。

【名词解释】

1.库存。是指企业组织中储存的各种物品和资源的总称。

2.订货成本（又称"订购成本"或"调整成本"）。是指企业为补充库存而订购物资时产生的各种费用。

3.保管成本（又称"存储成本"）。是指物资在存储过程中产生的成本。

4.购置成本（又叫"货物成本"）。是指购置物资所花的费用成本。

5.缺货成本。是指当企业库存物资无法满足顾客的需求而产生的成本。

6.物料需求计划。是指组织为了保证运营中最终产品实现而制定的原材料、零部件、组件的需求和库存计划。

【引导案例】

体育运动品牌高库存现象

高库存问题困扰着国内外体育运动品牌。在中国，以李宁、安踏为代表的行业巨头面临高库存问题，造成这一局面的主要原因是其盲目扩张导致产品趋于同质化、价位相近，行业增长受到渠道增长极限的制约，经济大环境通胀、购买力下滑等问题出现。据统计，2007～2009年集中上市的国产体育品牌企业中新增门店数达到近2万家。2010年国内体育用品企业的门店排在前三、四位的企业，已突破了7000家。服装企业是根据订货会现场客户的订货量来确定产量生产的。这种模式依靠的是渠道商提供的信息，而不是消费者，极易造成销量低于预期，导致库存积压。由于企业在做库存周转计划时，都会增加一定的购货量，也就是说，在产品尚未销售出去情况下又增加了库存量，这种情况是造成国产品牌集体陷入高库存的主要原因之一。此外，从2010年开始，在国内品牌不断提价的前提下，耐克和阿迪达斯开始通过渠道调整和巩固在中国市场的竞争优势地位，针对中国中小城市消费者推出更贴近二、三线市场价位的产品，打造品牌特征，突出独特性，并开展一系列品牌营销活动，大幅提升消费者的体验。2015年后，参与体育运动人数增速提升，体育消费市场也更加细分化，从传统的健美健身、球类运动、水上运动逐渐升级至小众的极限运动、对抗运动。龙头企业加速去库存，渠道积极变革迎来了业绩的复苏。根据Euromonitor数据，未来5年体育用品行业规模将从目前的2728亿元人民币增长至2023年的4382亿元，位居大众消费品前列。龙头企业在品牌、产品和渠道等多维度进行全方位升级，零售增速显著提升。

资料来源：《南方日报》 2013

第一节 库存控制概述

库存管理与控制是应对供给与需求变化的，针对每次订货量及订货时间进行决策，它是体育用品生产和服务企业运营管理能否成功、获利，达到成本目标及满足顾客需求的关键因素。

一、库存的概念与作用

（一）库存的概念

库存是指企业组织中储存的各种物品和资源的总称。库存是企业生产所必备的，对保证企业的正常生产作用重大。库存管理的总目标是指在合理的范围内将库存成本达到满意的顾客服务水平，平衡库存的供给与需求。

体育产品制造企业库存主要是为了销售或耗用而储存的物品；体育服务企业库存主要是指与提供的服务相关的物质产品，如为消费者提供各种辅助产品、体育赛事纪念品等。

（二）库存的作用

一般来说，库存的积极作用主要包括以下四个方面：

1.平衡供求管理

库存是为了及时提供顾客物品，增加顾客满意度，平衡供求关系。

2.保证各生产供应

由于外部市场环境因素不确定，为保证满足需求方的要求，企业需要维持一定量的库存，避免生产或供货中断。

3.防止缺货

由于需求的意外增加或送货的延迟，增加了缺货的风险，特别是季节性的供求，企业需要储存一定量的物品，以备不时之需。

4.降低生产成本

由于库存占用企业80%以上的流动资金，通过有效的库存控制方法，可以使企业减少库存量，提高库存物资的使用率，降低生产成本的作业。

库存的消极作用主要表现为：占用企业的大量流动资金，增加企业仓储和运输费用，增加了库存的风险。

二、库存种类

（一）按照库存在生产过程和配送过程中所处的状态，分为原材料库存、在制品库存、维修库存和产成品库存。

原材料库存是指用于生产过程，构成产品实体的原材料；在制品库存是指产品在不同的生产阶段所处的半成品；维修库存是指用于维修与保养经常消耗的物品或部件；产成品库存是指准备运送给顾客的最终产品。如图11-1所示。

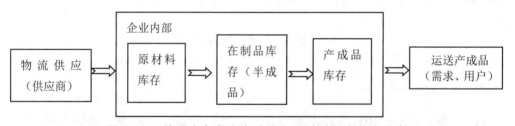

图11-1 按照库存在生产过程和配送过程中状态分类

（二）按照资源需求的重复程度，将库存分为单周期库存和多周期库存

单周期库存是指企业订货为了满足某一固定时间段的一次性需求，如每日的早报、体育赛事的门票和衍生产品等；多周期库存是指在长时间范围内反复、多次需求，企业需要不断补充。

（三）按照库存的作用，将其分为周转库存、安全库存和在途库存

周转库存是指满足正常周转而储备的库存；安全库存是指为了防止不确定性因素而预先做好的库存；在途库存是指处在运输过程中的库存。

（四）按照顾客对库存需求的特性，将库存分为独立需求库存和相关需求库存

独立需求库存是指顾客对某种库存物品的需求所产生的库存；相关需求库存是指顾客对其他相关物品的需求所产生的库存。

三、与库存管理有关的成本

库存成本是库存管理的重要考虑因素，与库存管理有关的成本主要有：

（一）订货成本

订货成本（又称"订购成本"或"调整成本"）是指企业为补充库存而订购物资时产生的各种费用。当库存物资来源于企业外部的供应商时，企业库存管理者与供应商之间交易，这种订货过程产生的费用为订购费；如果库存物资是由自己生产提供的，则生产中发生的设施调整成本就为每次订购时的订购成本。

（二）保管成本

保管成本（又称"存储成本"）是指物资在存储过程中产生的成本。它包括仓库管理费用，存放过程中的损坏、丢失等费用，还包括资金成本，如采购物资是通过贷款或借款的方式。

（三）购置成本

购置成本（又叫"货物成本"）是指购置物资所花的费用成本。按照物资的单价与需求量求得。

（四）缺货成本

缺货成本是指当企业库存物资无法满足顾客的需求而产生的成本。它主要有三个方面产生的成本：一是为处理延期任务而加班生产与采购的费用；二是由于失去销售机会，导致企业信誉受损而产生的费用；三是由于耽误供货导致的赔付费用。

第二节　库存管理

一、库存决策

库存控制的主要任务就是控制物资的进货批量和进货时间，做好采购或生产的时间、每次采购或生产的数量以及应采用什么类型的库存控制系统来维护预期的库存决策。

库存控制决策的目标是企业在现实的资金、仓库面积等资源约束条件下，既满足预期的需求，又使库存成本最低。

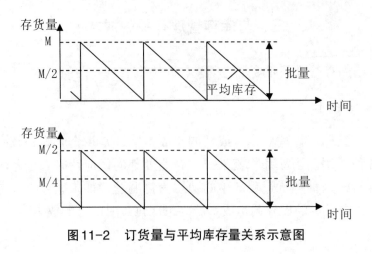

图 11-2　订货量与平均库存量关系示意图

从图 11-2 可以看出，当需求速率一定时，企业只有通过对进货速率的控制来维持平均库存量。

二、库存决策方法

库存决策方法有经济订货批量模型、经济生产批量模型和价格折扣时的经济订货批量模型。

（一）经济订货批量模型——瞬时供货，均匀消耗，不允许缺货的模型

经济订货批量模型是在1915年由哈里斯提出的。本模型适用于计算经济订货批量和经济生产批量。计算的经济订货批量是整批同时入库的。这是一种理想状态，物资在入库的同时，是被逐步使用的。在不允许缺货和没有价格折扣的情况下，每年维持库存的总费用公式为：

$$库存总成本（年或月）=购置成本+订购成本+保管成本$$
$$TC=DC+C×（D/Q）+（Q/2）×H$$

式中，TC：一定时期物资库存总成本；

　　　C：购买单位货物的成本；

　　　D：一定时期库存物资的需求量（年或月）；

　　　Q：批量或订货量；

　　　S：每次订货发生的费用；

　　　H：单位货物一定时期的保管成本（年或月）；

　　　n：订货次数（年或月）。

1. 最佳订货批量或经济订货批量 EOQ

从上式可以看出，单价 C 高的物资应按照较小的数量订货；单价 C 低的物资则相反。为求出年总成本 TC 最小的订货量 Q，只需对上式两边 Q 进行微分求导，并令

导数等于零，即：

$$d（TC）/dQ = 0 - DS/Q^2 + H/2 = 0$$

解方程得：

$$Q^* = EOQ = （2DS/H）^{1/2}$$

在已知 EOQ 和提前期的情况下，其他有关变量如年平均订货次数、两次订货时间间隔、订货库存量都可以求出。

2.订货点

在该模型中，是假设需求与交货提前期是固定的，且不允许缺货，在确定型连续检查库存订货系统中，订货点是订货提前期内的需求：

$$B = L × d$$

式中，B：订货点；

　　　 L：交货提前期或生产提前期；

　　　 d：物资的需求率（年或日）。

（二）经济生产批量模型——按时均匀供货、均匀消耗、不允许缺货的模型

如果每天生产的物资需要入库，则每天对物品的消耗可分为不同的时间段，即当生产率（入库速度）大于需求率（领用速度）时，库存是逐渐增加的，这种订货批量成为经济生产批量，其计算公式为：

$$EPQ = （2DS/H）^{1/2} × （R/(R-r)^{1/2}$$

式中，EPQ：经济生产批量；

　　　 R：每天生产率或每天入库数量；

　　　 r：每天需要量（这里的必要条件是 R>r）。

（三）价格折扣时的经济订货批量模型

这种模型的假设条件是允许有价格折扣。当有价格折扣时，物资的单价是变动的。在实际操作中，发现供应商对于订货的不同数量给予不同的价格优惠。这种模式权衡的重点是扩大订货量享受折扣的优惠与经济订货批量相比能否获得净收益，即降低年库存总成本。

三、库存管理策略

目前，常用的库存管理策略为连续检查库存补给策略、最大库存水平不变策略、定期检查库存策略和综合库存策略。

（一）连续检查库存补给策略

这种策略是订货点、订货量策略，又称为"连续库存策略"或"永续盘点策略"

或"定量库存控制策略"，属于连续检查型（t=0）控制方法。这种策略是当订货量降到订货点B或B点以下时，企业发出订单，订货量为Q，此策略中订货点B和订货量保持不变，订货周期和最大库存量是变化的。如图11-3所示。

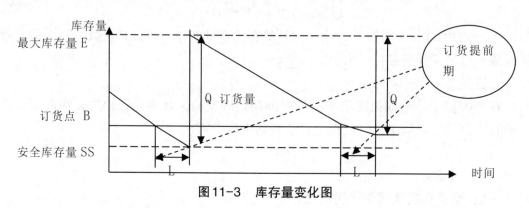

图11-3　库存量变化图

这种策略的优点：由于订货量固定不变，不容易出问题。如果安全库存量较少，只需要满足提前期内需求量的变化，这使存储费用降低。由于随时关注库存量，如果发生大量的连续性的需求时，可立即采取订货措施，保证货源。

这种策略的缺点：由于检查和记录库存的工作量较大，需要配备的人员较多。各种物资独立订货，订货频率高，造成订货成本较大，享受数量折扣减少。同时，由于订货量固定不变，在订货时，如果企业实际库存量远远低于订货点B，那么需要补充进货后马上再订货，而这将增加订货费用和工作量。

这种策略适用于库存管理费用低、缺货费用高且贵重的物资、需求量波动大、市场上易采购的物资、需求时间与订货提前期短、预测难度大的库存物资。

这种策略可以变化为"双仓"策略，即将全部的库存分为两仓来存放，第一仓的库存量是总库存量减去B所得到的数量，第二仓的库存量为B，当第一仓的库存使用完以后，立即发出订单，其订货量为Q，双仓策略可以减少检查和记录人员的工作量。

（二）最大库存水平不变策略

最大库存水平不变策略是指当库存量降到订货点B或B以下时，企业立即发出订单，如果发出订单时企业的实际库存量是I，那么，企业订货量为（E－I）。这种策略，订货点B和最大库存量是不变的，而订货时间和订货量是变化的。最大库存水平不变策略也属于连续检查型（t=0）。如图11-4所示。

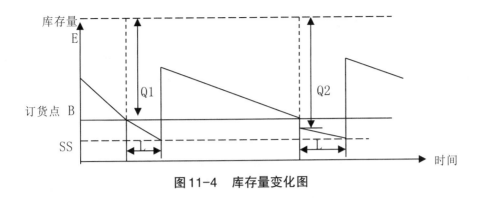

图11-4　库存量变化图

这种策略的优点是避免了由于订货量变化额外增加订货费用和工作量的问题。

（三）周期检查库存补给策略

周期检查库存补给策略又称定期检查库存策略或定期库存控制策略，是指企业需要每隔一段时间检查一次库存，并发出订单，如果检查时实际的库存量是I，那么订货量就为（E－I）。这种策略中，检查周期即订货周期t和最大库存量E是固定不变的，而订货点和订货量是变化的。如图11-5所示。

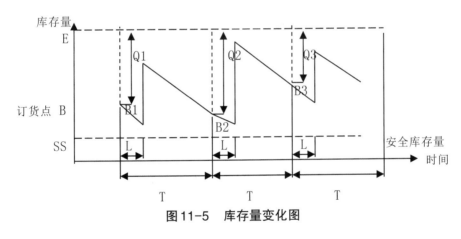

图11-5　库存量变化图

这种策略的优点是由于定期检查可以减少检查和记录的人员数量和工作量。各种库存品能够同时进行定期订货，减少了订货频率，降低了订货费用和运输费用，能够获得较多的数量折扣优惠。

这种策略的缺点是不能随时掌握库存动态，当出现需求量异常的情况，可能会产生缺货。由于安全库存较多，企业需要满足订货周期和提前期内需求的变化，导致存储费用增加。如果订货周期内的库存下降较少时，也需要订货，这样造成了订货工作量的增加。

这种策略适用于物资存储费用和缺货费用都较低、从同一物资供应处订购多种不同物资可以使订货费和运输费都有较大下降空间的C类物资库存。

（四）综合库存策略

综合库存策略是指企业每隔一段时间就检查一次库存，如果库存量为 B 或 B 以下，企业就发出订单。如果检查时库存量是 I，那么企业的订货量是（E－I）。如果检查时库存量大于 B 时，企业不需要发出订单。这种策略中，检查时间 t、订货点 B 和最大库存量 E 是固定不变的，而订货时间和订货量是变化的。如图 11-6 所示。

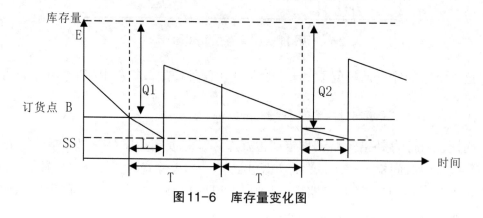

图 11-6　库存量变化图

第三节　物料需求计划

通常，企业制定运营战略与目标，需要根据市场需求的预测情况和企业自身的资源条件，平衡任务与能力，制订企业运营计划。企业运营计划细化，有助于企业了解具体产品产出数量与时间，有效地帮助企业做出科学的战略决策。

一、物料需求计划的概念

1965 年，美国奥利基（Joseph A.Orlicky）博士最先提出物料需求计划。它既是一种库存控制方法，又是一种时间进度安排方法。物料需求计划（Material Requirement Planning，简称 MRP），是指组织为了保证运营中最终产品实现而制订的原材料、零部件、组件的需求和库存计划。

MRP 的基本思想是实现按需准时生产。它可以精确地确定出原材料的需求数量与时间，避免了补货的盲目性，实现了低库存与高服务水平并存。

MRP 系统是由主生产计划（总进度计划）输入系统、处理系统和输出系统三部分构成。输入系统主要包括主生产计划、物料清单和库存记录；处理系统通过计算机将输入信息进行处理形成有用的信息，便于组织运营管理；输出系统包括主报告和辅助报告，主报告是形成零部件的投入产出计划、原材料需求计划、采购订单、库存状态报告以及工艺装备机器设备需求计划等，辅助报告是形成预测库存和需求的计划报告、计划完成情况分析报告以及例外报告等。MRP系统的更新有重新生成方式和净变更方式。重新生成方式：重新生成方式是从0层级开始，对物料需求量重新进行展开计算。更新的间隔期一般为1周或2周。净变更方式：这种方法只对那些有变化的物料项目做重新计算和新的计划安排，这样可使得计算工作量大大减少，加快计划更新的频次。其结构关系如表11-1所示。

表11-1　MRP系统构成

构成		基本内容
MRP系统	输入系统　主生产计划	客户订单和市场预测形成
	物料清单	设计上的变化将形成新的产品结构树
	库存记录	收货和提取物资需要做好库存记录
	处理系统　计算机程序	通过计算机将输入信息进行处理形成有用的信息
	输出系统　主报告	零部件的投入出产计划、原材料需求计划、采购订单、库存状态报告以及工艺装备机器设备需求计划等
	辅助报告	预测库存和需求的计划报告、计划完成情况分析报告以及例外报告等

二、输入系统

（一）主生产计划

主生产计划（又称为"总进度计划"），是指企业确定出在每一具体时间范围内生产每一具体的最终产品的数量和时间，即何时需要多少数量的产品。如某体育产品1—2月份的主生产计划如表11-2所示。

表11-2　某体育产品1—2月份的主生产计划

项目	月份							
	1月				2月			
周次	第一周	第二周	第三周	第四周	第五周	第六周	第七周	第八周
A		100		200		100		300
B	100	100	100	100	100	100	100	100
月总计	700				800			

（二）产品结构树

产品结构树，又叫"物料清单"。它是指企业生产最终产品所需要的各种物资材料的信息。它不仅表明了将生产最终产品的原料清单，还反映出产品项目结构产出及生产最终产品的先后顺序。产品结构树分为不同的层次，处于最上面的一层表示组织预生产的最终产品；第二层表示组成第一层零部件所需要的物资材料，以此类推，最底下一层表示为零件或原材料。如某体育产品的结构树如图11-7所示。

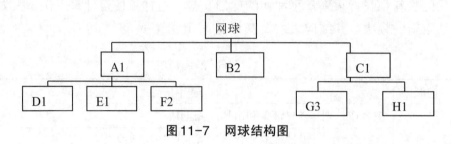

图11-7　网球结构图

物料清单还可以用下面的形式表示，可以分为单级物料清单和多级物料清单，如表11-3、11-4所示：

表11-3　单级物料表

网球	
零件	装配数量
A	2
B	1
C	1

表11-4　网球产品物料表

网球		
零件		装配数量
A		2
B		1
	D	1
	E	3
C		2

（三）库存记录

库存记录需要及时更新。库存记录主要包括总需求量、可用库存量、净需要量、预计应收库存量或在途量、计划发出订单量和安全库存量。

1.总需求量

总需求量是指物料在某个时间范围内预计的需求量。

2.可用库存量

可用库存量是指企业仓库中实际存放的可以使用的库存量。当可用库存量满足本期需求量以后，多余的部分作为下一个周期使用的库存量。即某时间范围内可用库存量=上期可用库存量+本期预计应收库存量或在途量—安全库存量。

3.净需要量

净需要量是指可用库存量不够满足本期总需求量时，其缺少的部分为净需要量；净需要量=总需求量—可用库存量

4.预计应收库存量或在途量

预计应收库存量或在途量是指企业预计在某个时间范围内收到供应商的物料数

量或将要入库的数量或完成生产量。

5.计划发出订货量

计划发出订货量是指企业在某个时间范围内向供应商订购的物料数量。

6.安全库存量

安全库存量是指企业为了避免出现缺货导致待料或停工而需要储存的物料数量。

例：某 X 型号体育健身器械的生产需要钢管四条和钢架两个，目前收到两份订单，一份需要 X 型号健身器械100个，另一份需要200个。在产品进度安排中，前一份的订单需要在第四周运送，后一份订单需要在第八周发货。钢架需要提前两周订购，钢管需要提前一周订货。第一周的在途的订货钢架数量为50个。请帮助企业计算订货额数量及时间。

解：首先，制订出总生产计划，如表11-5所示：

第十一章 库存管理与物料需求计划

表11-5 某X型号体育健身器械总生产计划

项目	月份							
	1月				2月			
周次	第一周	第二周	第三周	第四周	第五周	第六周	第七周	第八周
订单数量				100				200

其次，画出产品结构树。

第三，计算各阶段订货数量及时间，如下表所示：

项目	月份							
	1月				2月			
周次	1	2	3	4	5	6	7	8
订单数量				100				200

项目	提前期	基本信息	期初库存	月份							
				1月				2月			
				1	2	3	4	5	6	7	8
X型号健身器械	1	总需要量					100				200
		预期到货量									
		预计库存量									
		净需求					100				200
		计划应收订货量					100				200
		计划发出订货量				100				200	

177

项目	提前期	基本信息	期初库存	月份							
				1月				2月			
				1	2	3	4	5	6	7	8
钢管	1	总需要量				400				800	
		预期到货量									
		预计库存量									
		净需求				400				800	
		计划应收订货量				400				800	
		计划发出订货量			400				800		

项目	提前期	基本信息	期初库存	月份							
				1月				2月			
				1	2	3	4	5	6	7	8
钢架	2	总需要量				200				400	
		预期到货量		50							
		预计库存量		50	50	50					
		净需求				150				400	
		计划应收订货量				150				400	
		计划发出订货量		150				400			

从上表可以看出，企业各阶段各物资在不同周期的订货数量及时间。但这里需要注意的是，如果当计划应收的订货量超过净需求量时，那么将超过的部分作为下一期的计划存库量。

以上面的例子分析，假设钢架的计划应收订货量为200，请求出各阶段的订货数量及时间。

解：

项目	提前期	基本信息	期初库存	月份							
				1月				2月			
				1	2	3	4	5	6	7	8
钢架	2	总需要量				200				400	
		预期到货量		50							
		预计库存量		50	50	50	50	50	50	50	50
		净需求				150				350	
		计划应收订货量				200				400	
		计划发出订货量		200				400			

第四节　制造资源计划系统（MRP Ⅱ）

一、制造资源计划概念

　　制造资源计划，即 MRP Ⅱ（manufacturing resources planning），是在 MRP 基础上发展起来的一种新的运营管理方式。它以生产计划为主线，将企业的物流、信息流和资金流集成在一起，形成一体化的系统，具有模拟物料需求、提出物料短缺警告、模拟生产能力需求等功能。MRP Ⅱ 的计划、记录、控制、协调、分析、报告的内容不再局限于物料的全程活动，而是以制造过程年需要的主要资源人、财、物为对象，有效地利用各种制造资源、控制资金占用、缩短生产周期、降低成本，最终达到企业运行在最佳姿态。MRP Ⅱ 为企业管理人员提供了一种先进的现代化管理工具和管理平台。

二、MRP Ⅱ 的基本思想

　　MRP Ⅱ 的基本思想是将企业作为一个有机整体，从整体角度出发通过运用科学方法对企业制造资源进行最优化配置，对企业生产经营的产、供、销、财各个环节进行有效的计划、组织和控制，使它们得以协调发展。为充分发挥企业信息资源的作用，从宏观规划到业务处理全过程集成为一体化的综合计划、集成控制的系统。将生产经营活动中的销售活动与财务管理中的应收账款模块融合，采购活动与财务管理中的应付账款模块融合，库存管理、采购管理、车间作业管理和销售管理与财务管理中的成本管理模块融合，形成生产、采购、销售、工程等功能与财务管理功能有机结合的一个整体。如图 11-8 所示。

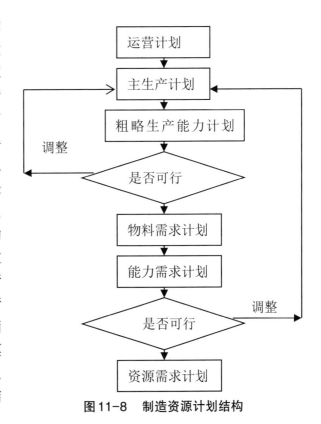

图 11-8　制造资源计划结构

三、MRPⅡ特征

MRPⅡ的特点，主要体现在以下几个方面。

（一）计划的可行性

MRPⅡ在从宏观战略到微观技术，一直保证企业经营战略目标的一致性和可行性。

（二）管理的系统性

MRPⅡ将企业各类资源集成统一管理，各职能部门在MRPⅡ系统整体协调下做好为管理信息系统整体贡献的本职工作，明确每个员工的岗位对系统的作用，打造团队协作精神。

（三）资料的共享性

企业各部门都在集成一体化的中央数据库平台进行管理工作，拥有一套完整、动态、实时的数据库，提高了组织的计划、控制、管理效率与效益。

（四）动态应变性

MRPⅡ可以及时掌握各种动态信息，缩短生产周期，具有较强的应变能力，根据企业内外环境条件的变化情况管理人员可以迅速做出反应，及时调整决策，保证生产的正常进行。

（五）物流、资金流和信息流的统一性

组织生产活动可以直接产生财务数据，把实物形态的物料流动直接转换为价值形态的资金流动，保证生产和财务数据一致。财务部门及时得到资金信息用于控制成本，通过资金流动状况反映物料和经营情况，随时分析企业的经济效益，参与决策，指导和控制经营和生产活动。

以上几个方面的特点表明，MRPⅡ是一个比较完整的生产经营管理计划体系，是实现制造业企业整体效益的有效管理模式。MRPⅡ的特点体现了管理模式的变革和人员素质或行为变革，并且这些特点是相辅相成的。

四、MRPⅡ软件系统模块

MRPⅡ软件包括基础数据管理模块、库存管理模块、主生产计划模块、物料需求计划模块、能力需求计划模块、车间作业计划模块、客户订单处理模块、采购模块、财务模块等。

（一）基础数据管理子系统

MRPⅡ系统需要以下几类基础数据：物料主文件、物料清单、工作中心、工艺路线、提前期和库存记录。其中，库存记录属于动态数据，其他是静态数据。

（二）生产计划子系统

生产计划子系统一般包括主生产计划、物料需求计划两大功能模块。

（三）生产管理子系统

生产管理子系统包括能力需求计划、工单管理和车间作业管理三大功能模块。

（四）供销管理子系统

主生产计划经MRP分解后形成两部分：一部分为制造件计划，进入车间作业管理模块；另一部分为采购件计划，进入采购管理部分。

（五）财务管理和成本管理子系统

财务管理模块主要包括总账管理、应收账款管理、应付账款管理和固定资产管理；成本管理则是按照管理会计原理，根据采购作业、车间生产作业等信息形成生产成本信息，对企业的生产成本进行预测、计划、决策、控制、分析与考核。

五、企业资源计划

（一）ERP概念

企业资源计划（Enterprise Resource Planning，简称ERP），是在1990年由美国著名管理咨询公司Gartner Group Inc.提出来的。企业资源计划系统是以系统化的管理思想，为企业决策层及员工提供运营决策的管理平台。企业资源计划也是实施企业流程再造的重要工具之一，是大型制造业所使用的公司资源管理系统。在世界500强企业中有约80%的企业使用ERP软件。

（二）ERP的基本思想

ERP是整合了企业管理理念、业务流程、基础数据、人力物力、计算机为一体的企业资源管理系统。ERP是有效提高企业经济效益的解决方案。其主要宗旨是对企业所拥有综合资源进行综合平衡、优化和管理，以市场需求为导向，协调企业各管理部门开展业务活动，提高企业的核心竞争力获得良好的经济效益。目前，ERP软件不仅使用于制造业，而且是具有广泛适用性的企业管理信息系统。

ERP主要包括三大模块：生产控制（计划、制造）模块、物流管理（分销、采购、库存管理）模块和财务管理（会计核算、财务管理）模块。这三大模块整合在一起，以帮助企业运营管理。

（三）ERP的实施

ERP的实施可以分为五个步骤：第一，需要选择组织适用的软件。理解ERP的基本原理、分析企业自身的基本需求、确定出备选的软件。第二，借助管理咨询公司。选择富有经验的管理咨询公司帮助企业进行战略总体规划的设计，这有助于企业进行科学的运营决策。第三，制定具体的量化目标，做好业务流程重组。制定出明确ERP的实施目标、计划和实施步骤，并对企业现有业务运行方式进行分析和调整，提出适合企业改进的管理模式。第四，通过培训和制定相应的规章制度，加强员工对ERP的了解和认识，保证ERP系统的正常运行。第五，企业实施ERP是一个循序渐进、不断完善的过程，只有员工素质不断提高，才能确保系统不断深入。可以通过给企业员工定任务，把员工的经济效益与工作内容结合起来，这样员工的积极性可以得到提高，熟悉业务的自觉性也将得到增强。

【复习思考题】

1.试阐述库存的概念与作用。

2.试分析库存种类有哪些。

3.试阐述订货成本、保管成本、购置成本和缺货成本的含义，并举例说明。

4.试分析库存决策方法有哪些。

5.请阐述库存管理策略有哪些。

6.某健身俱乐部对某体育用品每月的需求为1000件，每次的订货成本为50元，订货提前期为5天，单位货物保管成本为每月按照货物价格的20%来计算，每件单价为20元，每月按照30天计算，请求出经济订货批量、每月订货的次数和订货点。

7.某体育用品公司生产的某一产品的年销售量为10000件，每次订货的成本是500元，每件的成本价为300元，产品库存保管费用率为0.2元。假设每日销售量是固定的，R为200件，r为50件，请求出每次的经济订货批量。

8.某体育产品的生产需要某种物料的年需求量是3000单位，每次订货成本是50元，库存保管成本是物料的年需求量的20%，假设供应商提供的价格优惠数量条件如表11-6所示，请求出最佳订货批量及最小库存总成本。

表11-6 某供应商提供的价格优惠数量条件

每次订货数量（单位）	单价（元）	每次订货数量（单位）	单价（元）
≤300	6.1	500～700	5.0
300～500	6.0	700～900	4.0

9.某体育产品X是由2个A、3个B、1个C组成，A由2个D和1个E组成，请画出产品结构树，并求出物料需求量。

【案例分析】

北京奥运会物流系统

2008年北京夏奥会会集了200多个国家和地区的16000名运动员及代表团成员、7000家赞助商、20000名记者、1800名官员以及众多志愿者和观众。在奥运会期间使用器材超过120万件，物流工作量超过以往任何一届奥运会。为此，2008年北京奥运物流中心的管理和监控采用了数字化和可视化技术，保障了奥运物流安全和高效运作。

奥运物流是指为举办奥运会从供应地到接收地的实体流动过程中所消耗的物品。奥运物流的内容是从不同角度对奥运服务客户群、奥运赛事关系、时间范围、地域范围、服务形态、服务项目内容等分类，形成奥运物流的多维立体框架。为了保证精确、准时完成奥运物流，2008年北京奥运物流采用"奥运精益物流系统"具体实施管理运作，奥运物流可视化智能监控信息平台的系统结构由可视化仓库管理系统、可视化在途货物监控系统和查询监控系统三部分组成。可视化仓库管理系统是对计划存储、流通的有关物品进行相应的可视化监控管理，包括对存储的物品进行接收、发放、存储、保管等一系列管理活动；可视化在途货物监控系统指对在途物资进行可视化监控管理，包括对运输车辆路线优化和物资的跟踪、管理、查询等一系列活动；查询监控系统是对奥运物资的状态进行查询监控，包括物资的跟踪和查询等一系列活动，以满足奥运物流服务安全性、及时性、准确性的需要。2007年北京奥运物流中心（OLC）正式启动。奥运物流中心为奥运物流提供众多奥运物资的仓储基地；实施奥运物资安检的场所；奥运会各种物资、各种运行车辆的编制、调度中心；北京奥组委实施物资追踪、资产管理的重点区域；奥运物资通关、检验检疫的场所五方面服务。奥运物流中心的核心业务之一是比赛地物资的仓储与比赛器材配送管理。2008年北京奥运会中27个项目的比赛集中于北京的5个赛区。根据不同的配送方向和配送量，各种体育器材、比赛用品、技术设备、医疗设备、安保设备、通信设备、电视转播、新闻报道设备和奖牌、奖章等物资的仓储发放采用精确、准时、智能化、可视化的仓库管理模式进行支持。在奥运会期间，UPS公司通过奥运物流的"中央枢纽"为奥运会所有的竞赛场馆、非竞赛场馆以及众多训练场馆提供物流保障服务，代表北京奥组委进行货物的接收、存储、出库，以及各场馆之间及场馆内的运输配送和赛后反向物流的运作。可视化管理系统是一套全方位的仓库管理工具，一方面作为仓库管理系统，按照常规和用户自行确定的优先原则来优化仓库的空间利用和全部仓储作业；另一方面实现了仓库管理的可视化，及时、准确地掌握物品的位置、状况、活动等信息，实现仓库供应保障辅助决策，提高仓库管理水平和质量。它可以与企业的计算机主机联网，由主机下达收货和订单的原始数据，通过无线网络、手持终端、条码系统和射频数据通信（RFDC）等信息技术与仓库的员工进行联系。可视化库存信息系统的设计目标通常是实现库存信息可视化、库存货物及其状态的可视化跟踪、可视化查询结果的输出、自动生成库存操作单据，为管理者提供多方位、直观的统计信息。主要由数据管理、标准化管理、模型管理、日常业务管理、查询统计分析和实时监控6个模块组成。数据管理是为物品、货位和人员实行统一进行标准化代码管理；模型管理是指给使用者提供清晰直观各种库房物资及附属设施设备等的模型及相关数据、信息；日常业务管理是对物资出入库和存储阶段进行优化管理；查询统计分析是对物流中心仓库物品所处状态进行查询，提供可视化货位显示和库存图表统计；实时监控是对库房内部实时进行监控，确保物资存储的安全。通过库存信息可视化管理及计算机网络管理系统的合理运用，奥运物流系统可以合理利用仓库空间，降低库存管理难度，提高仓储能力、减轻人员劳动强度，提高物流管理水平。

2022年北京冬奥物流充分体现出轻资产、减排量和可持续发展的原则，为世界奥运会贡献了中国智慧。北京冬奥获取物资的原则是"能借不租，能租不买"。北京冬奥组委会租赁的物资品类占总物资品类的70%以上，租赁物资的数量也占到总物资数量的70%以上，实现轻资产运行，大幅节省办赛成本，实现简约办奥的要求。为了实现物资的充分利用，避免闲置浪费，北京冬奥组委物流部科学制定配备标准，精准配备物资，保证刚性需求，减少弹性需求，坚持"无人员计划不配备、无空间功能不配备，无运行需求不配备"的原则，大幅减少了物资的品类。对于与运动员直接相关的家具，坚持人性化设计，减少物资配置，如专门设计了有升降功能、可拆卸桌架手柄的运动员餐桌，实现奥运和残奥一桌两用。北京冬奥组委精益求精，根据赛事需求进行动态调控，尽可能压减物资总量。北京冬奥会测试赛使用的器材，将在冬奥会和冬残奥会期间继续使用。器材运进场馆以后，就会存放在那里，免得二次搬运，浪费资源。

根据国际奥委会的分析，奥运会物流是和平时期物流量最大的单体活动。北京冬奥会组织者减少物流造成的排放，践行绿色办奥理念。国际奥委会为确保奥运会的正常举办，不过多采取直送场馆的物流方式。但考虑到我国是制造业大国，供应链优势明显，北京冬奥组委物流部通过科学制定计划，在确保供应安全的基础上，加大供应商直送场馆的比例。供应商直送场馆可有效减少二次运输及装卸搬运，节约了仓储空间，保证了物流效率和效果。往届冬奥会仓储空间达4万平方米以上，而北京冬奥会租赁仓储空间仅为2万平方米，且仍有一定空间可保证后续紧急仓储需求。北京冬奥会使用的产品在设计方面，力求优化产品设计，缩小体积，减少重量，充分体现出绿色办奥的理念。几乎所有的家具都设计成可折叠和可堆叠的款式，轻便简约、易于搬运，极大节约了运输空间，降低了物流运输的碳排放量。据统计，仅此项举措即可将整体体积降低75%，预计减少运输流量50%。北京冬奥会物流坚持使用环保车辆和设备，张家口赛区将率先使用氢能源货车。北京赛区全部使用新能源货车和物流操作设备，并减少物流包装物和消耗品的使用，实现库内无纸化作业，节省了大量的纸张。北京冬奥会主物流中心是一座环保型建筑，其在设计初期就充分考虑到绿色环保、节能减排的问题，在建筑、电气、排水设计最大程度上做到环保，获得LEED绿色环保认证，如建筑合理利用侧窗和顶部天窗自然采光和自然通风技术，结合室内和室外高效无污染LED照明技术，实现整体节能29%。北京冬奥会、冬残奥会主物流中心是从合作伙伴那里"赞助租用"的，并非专门为筹办北京冬奥大赛而建。

北京冬奥会物流工作的核心原则是重视可持续发展。北京冬奥组委实施可持续采购，选择的服务企业是与奥林匹克精神相向的，并将可持续发展理念延伸至市场主体。通过在采购合同文本中加入可持续条款，签订承诺书，依据采购法规，给予参与投标的中小企业加分等政策措施，倡导企业贯彻绿色理念，并鼓励中小企业参与奥运会建设。在相关人员和队伍的培养方面，北京冬奥会采取了与往届办赛不同的运行模式。为了给冬奥会各利益相关方足够大的选择空间，北京冬奥组委会同北京海关，选出了17家行业内优秀的中小企业，形成推荐企业名录后公布至各个利益相关方，并定期组织17家企业针对冬奥会物资通关货运服务保障政策和流程进行专题培训。此举为利益相关方提供了选择灵活性，也为中小企业参与大型国际活动保障服务创造了机会，避免了组委会指定，组委会买单付费的问题，节约了资金。

资料来源：新华社资料整理 2022

讨论问题：结合案例，试阐述北京奥运物流系统设计、原则、措施及启示。

第十二章

质量管理

【本章提要】

本章阐述了质量管理的概念及工具方法、全面质量管理的概念、工作方法及六西格玛质量管理的内涵与运作模式，以帮助解决体育用品生产或服务企业面临的实际质量问题。

【名词解释】

1.质量管理。ISO 9000：2000将质量管理定义为：质量管理是指导和控制与质量相关的系统的协调过程。

2.全面质量管理（Total Quality Management，TQM）。根据国际标准ISO 9000：1994对全面质量管理的定义是："一个组织以质量为中心，以全员参与为基础，目的在于通过让顾客满意和本组织所有成员及社会受益而达到长期成功的管理途径。"

【引导案例】

推动体育产业高质量发展

国家体育总局印发的《"十四五"体育发展规划》，从供需发力推动市场和政府深入合作，实现体育产业高质量发展。一是激活体育消费市场。要大力培育居民体育消费习惯，使居民养成健康生活方式，并积极引导体育培训组织创新服务与指导模式，不断提高大众运动技能水平。借助各类体育赛事活动，促进大众体育服务消费水平提升。我国政府要树立示范城市，通过采取发放体育消费券、举办体育消费季、消费返现等方式，优化体育消费环境。二是创新发展理念。我国应围绕现代产业体系的核心要素，发挥出其供给、创新作用，即加强科技引领、优化金融服务、激发人才活力、强化数字赋能等。三是满足多元体育需求。通过体育产业供给侧结构性改革来推进体育产业结构调整，减少低端供给，扩大中高端供应，增强体育产业供给结构对居民体育需求变化的灵活性，使供给体系更好地适应需求结构变化。要围绕体育消费人群新需求，加强智能化产品的研发与制造，加快运动健康服务、体医等产业融合发展，完善和优化产业体系。四是优化市场监管体系。政府要通过研制体育运动项目管理办法和行业标准，不断完善体育市场监管体系，并加强重点领域的规范化、标准化程度，促进体育产业高质量发展。

资料来源：《中国体育报》资料整理 2021

第一节　质量管理概述

一、质量与质量管理的概念

（一）质量的概念

目前，理论界对质量作出了不同的定义。

现代质量管理认为：质量需要从满足消费者需求出发来定义。

美国著名质量管理大师朱兰将质量定义为"质量就是适用性"。所谓适用性就是指企业生产的产品或提供的服务满足消费者需求的程度。

美国质量管理学戴维·加尔教授为质量下了定义，他认为产品或服务的质量即性能、附加功能、可靠性、一致性、耐久性、维护性、美学性和感觉性。即产品的性能、产品的附加功能、产品或服务与说明书或服务的程度的一致性、产品达到的使用寿命或服务达到规定的服务期限的耐久性、产品的维护性、产品的美学性以及产品或服务的感知性。

（二）产品或服务质量

1.产品质量

一般来讲，根据八个方面的质量属性来判断组织的产品质量水平：

性能是指产品或服务的主要特性；

美学性是指产品的外观、感觉、嗅觉和味觉；

特殊性能是指产品额外的特性；

一致性是指产品或服务满足顾客要求的程度；

可靠性是指产品所具备性能的稳定性；

寿命是指产品或服务正常发挥功能的持续时间；

会意质量是指产品质量的间接评价；

售后服务是指顾客存在的不满是否已经有效解决，并令其感到满意。

价格并不是质量的一个属性。

2.服务质量

通常，从以下七个方面来判断组织服务的质量水平：

便利性是指服务的可接近性和可达性；

可靠性是指执行服务的能力；

责任性是指服务人员自愿帮助顾客处理问题的责任感；

响应性是指提供服务的快捷性；

准确性是指服务人员具备的专业知识和提供给顾客的服务技能；

周到是指服务人员对待顾客的方式；

视觉是指组织设施设备、人员等软硬件的直观表现。

一件产品或服务是否让顾客感到满意是受到设计的质量、质量的设计符合消费者的程度、使用的便捷性、售后服务四个方面的主要因素影响。对于组织来讲，质量问题将给组织带来很多问题，如承担产品的质量不合格的责任，生产率下降、成本增加等，导致组织经营亏损。一个组织有责任提高产品或服务的质量，对问题产品或服务进行改善和修复，减少顾客的不满足感。

（三）质量管理的概念

ISO 9000：2000将质量管理定义为：质量管理是指导和控制与质量相关的系统的协调过程。质量管理包括企业内外部的一切与质量有关的活动。

二、全面质量管理

（一）全面质量管理。全面质量管理（Total Quality Management，TQM），国际标准ISO 9000：1994对全面质量管理的定义是："一个组织以质量为中心，以全员参与为基础，目的在于通过让顾客满意和本组织所有成员及社会受益而达到长期成功的管理途径。"

（二）全面质量管理的内涵

全面质量管理是一个十分严谨的管理体系，它主要由三部分组成：

一是，全面质量管理要求组织的全员参与。质量管理工作是一项复杂而艰巨的任务，要求企业对全员职工进行全面质量管理监督和控制的推广和实施，重在全员的重视和具体的落实。

二是，全面质量管理要求组织进行全过程的监控。全面质量管理必须对产品生产的过程或提供服务的过程进行有效的、全方位的监督和控制，保证消除不合格的产品或不良的服务问题。

三是，全面质量管理需要组织不断进行企业文化的创新和完善，从人力资源管理的角度去有效激励员工的主人翁意识，提高人员的职业素质和心理素质。

（三）全面质量管理的工作方法

全面质量管理的工作方法是由美国质量管理学家戴明博士提出来的。全面质量管理的工作方法即是PDCA循环。P（plan）表示计划；D（do）表示实施计划；C（check）表示检查实施效果；A（action）表示采取行动。全面质量管理的理论思想是将质量管理视为一个循环上升的过程，每一次都是按照计划—实施—检查—调整四个阶段过程反复循环。如图12-1所示。

第一阶段是计划阶段。计划阶段主要是制定质量目标，并根据质量目标制订相应的质量计划，细化质量计划为指标，并将质量计划实施。具体实施步骤为：一是分析组织存在的问题；二是提出产生问题的原因及影响因素；三是制订改进措施计划。制订措施计划需要回答五个方面的问题，即制订计划的原因、达到何种目标、何时执行计划、计划的具体负责人、何地实施计划和计划实施的效果。

第二阶段是实施阶段。实施阶段是指将计划好的方案执行。在实施阶段要保证人员、组织监控、激励措施和手段的到位，保证落实到具体的操作层面。

第三阶段是检查阶段。检查监督是指组织对比执行方案与计划的结果，评价结果，从中找出具体的问题。

第四阶段是调整阶段。调整阶段是指对找出的具体问题进行系统思考，并采取具体的措施进行合理的调整，进入下一个计划。

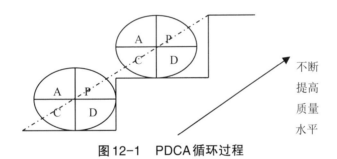

图12-1 PDCA循环过程

表12-1 PDCA循环工作步骤与方法

阶段	步骤	方法
计划阶段	1.分析组织现状与存在的问题 2.分析各种影响因素和原因 3.找出主要影响因素 3.制订改进措施的计划	排列法、直方图法、控制图法 因果图法 排列图法、相关图法 提出具体实施计划
实施阶段	4.执行计划	
检查阶段	5.检查计划实施的情况	排列图法、直方图法
调整阶段	6.采取具体的措施进行合理的调整，进入下一个循环	

（四）日本丰田全面质量管理

日本丰田全面质量管理主要侧重两个方面的内容。具体如下：

1.质量管理工作强调从源头抓起

一是，产品的设计采用价值工程法、实验设计法、质量功能配置法等多种方法，从中剔除多余的功能设计及不合格的质量隐患；二是，从供应商的质量上实现严格的零次品控制；三是，产品生产流程控制，避免不合格的产品流入下一道工序。

2.质量管理工作重视现场管理

重视现场质量管理工作，充分发挥员工的责任感，提倡将当天出现的质量问题及时进行解决，不拖延到第二天。

第二节　质量管理工具

在体育产品或服务企业的实际质量管理工作中，对于产品或服务质量数据的分析和控制常采用各种不同的定量分析方法。在质量管理中常用的方法有排列图法、因果图法、直方图法、统计调查法、分类图等统计工具方法。

一、排列图法

排列图法主要是进行质量问题的主次影响因素的分析方法。具体操作方法是将横坐标表示质量因素，纵坐标表示不合格产品或金额的频数。如图12-2中直方块的高度表示每个因素的影响程度，通常按照频数的大小进行排列，A类为0%～80%，B类为80%～90%，C类为90%～100%。

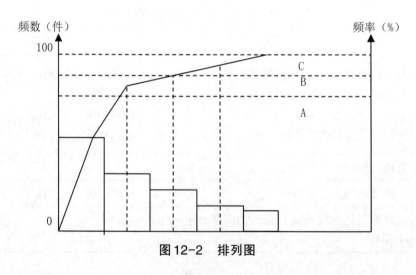

图12-2　排列图

二、因果图法

因果图法又称为"鱼刺图法"。它是系统分析质量问题的一种非常有效的方法。通常，质量问题主要集中在操作者、设备、材料、工艺方法和环境五个方面。通过对这五个方面的内容进行系统深入的分析，从中将问题由重要到次要逐一进行展开分析，并采取相应的措施进行改进。如图12-3所示。

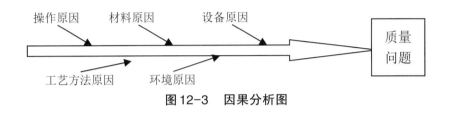

图12-3　因果分析图

三、直方图法

直方图法是用来进行工序质量控制的一种数据图形方法。通过直方图可以判断出工序的运作状态，达到控制工序质量，调整工序生产的一种方法。通常，直方图是处于一种正态的分布图形，当出现非正态分布情况时，说明生产出现问题。由于产品生产方法的不同，会产生异常情况，这就需要快速查找原因，为质量控制提供解决的措施。常出现的情况有五种，如表12-2所示。

表12-2　几种典型直方图及情况分析

直方图	情况分析
正态分布	生产正常
锯齿形	测量方法有误或分组不当
双峰型	两种不同规格的产品混在一起
扁平型	加工习惯（放大或缩小尺寸）
偏向型	工具磨损，员工疲劳

四、分类表法

分类表法又叫"分层法"，它是一种简单实用的统计质量问题的方法。它可以按照影响因素、性质等不同条件分类来解决质量问题。数据的分类方法主要有五种，即按照班次分类、按照设备分类、按照材料分类、按照人员分类和综合多因素分类。

例某体育用品生产企业对运动服装的生产质量进行调查，分析不同设备的生产质量，如表12-3所示。

表12-3　某体育用品生产企业对运动服装的生产质量的综合分类调查表

工艺流程设备		工艺流程1	工艺流程2	合计
设备A	合格品	98	95	193
	不合格品	2	5	7
	合格率	2%	5%	3.5%
设备B	合格品	97	94	191
	不合格品	3	6	9
	合格率	3%	6%	4.7%
设备C	合格品	95	93	188
	不合格品	5	7	12
	合格率	5%	8%	6.4%
合计	合格品	290	282	572
	不合格品	10	18	28
	合格率	3%	6%	4.9%

从表12-3中可以看出，设备C的质量最差，工艺流程2的质量差。因此，工艺流程1应在设备A生产较为合适，工艺流程2应在设备B生产，这样可以减少次品。

五、流程图

流程图是对一个工序的直观描述。流程图可以帮助检查人员确定可能出现问题的地方。如某一健身俱乐部的电话预定流程图，如图12-4所示。

在12-4流程图中"忙音""可以预定吗"和"说明付费方式"三处粗写部分可能出现失去交易的机会。

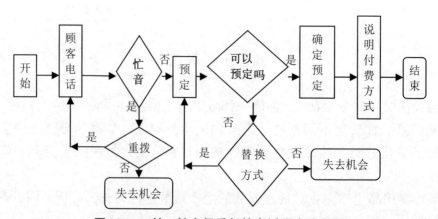

图12-4　某一健身俱乐部的电话预定流程图

六、控制图法

控制图法是通过采集生产过程中的质量数据进行统计分析，从而进行质量控制管理的一种方法。控制图法是将质量数据与计算确定的控制界限相比较，判断生产过程是否稳定，是否出现系统性差异，进而采取措施，及时消除异常现象，达到控制生产或服务过程、保证质量的目的。如图12-5所示为一控制图，图中有中心线、上控制界限UCL和下控制界限LCL，并将按时间顺序抽取的样本统计数值成图。

控制图法是用来检测某一问题发生的时间及揭示产生问题的原因，它是按照发生的先后顺序绘制样本统计量（如样本均值）数值的统计图。

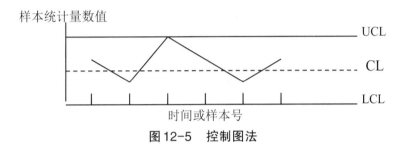

图12-5 控制图法

控制图法是通过评定加工过程，及时发现并消除生产过程中的失调现象，保证产品或服务质量，减少不合格产品，提高生产效率、降低产品或服务成本，提高生产能力。而且，控制图法还能够区分质量的偶然波动与异常波动情况，使操作者减少不必要的过程调整。

七、趋向图法

趋向图法是用来跟踪一定的时间范围内变量的变化，如图12-6所示。趋向图是帮助确认可能发生的趋势或分布情况。趋向图的绘制方法较为容易，便于理解。

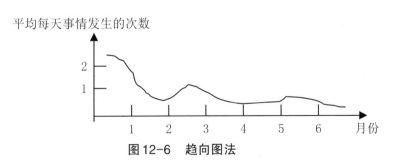

图12-6 趋向图法

第三节　六西格玛质量管理

一、六西格玛质量管理的内涵

六西格玛质量管理中的"六西格玛"是一个统计学名词，它代表的意义是数据的偏差水平，或者是表示标准偏差的程度。从广义的角度对六西格玛的理解是从统计学意义上去理解的。六西格玛质量管理不仅仅是一种质量管理的方法，还可以应用得更为广泛。下面是不同的学者对六西格玛的不同理解。

（一）六西格玛质量管理是一种观念

即向消费者提供世界顶级的产品和服务，最大程度让消费者感到满意。

（二）六西格玛质量管理是一种思想

它是通过组织化、系统化的途径来实现突破性的改进，以达到无问题的业务状态。

（三）六西格玛质量管理是一种管理体系

它是一种行之有效的解决问题和提升业务水平的系统方法。它是运用相关的分析工具，按照DMAIC工作程序的途径，以项目团队的形式来进行管理的一种方法。

（四）六西格玛管理是一种工具

六西格玛在实施的各个阶段列举了大量的处理工具和方法，保证最大程度地解决组织遇到的各种问题。

二、六西格玛的运作模式与工作程序

（一）六西格玛的运作模式

六西格玛的运作主要有两种模式，即质量改善模式和质量设计模式。

六西格玛质量改善模式主要是指应用六西格玛的改善措施寻找过程改进的方法，提高业务流程的质量。

六西格玛质量设计模式是指将六西格玛的方法理论运用到产品的设计与流程的设计中去，最大程度地提高产品与流程设计的可靠性。

（二）六西格玛的改进模式的工作程序

六西格玛的改善模式的工作程序为DMAIC，即定义—测量—分析—改善—控制。六西格玛设计模式的工作程序为 DMADV，即定义—测量—分析—设计—验证。六西格玛改善模式的方法分为五个步骤：

第一步骤是定义阶段。定义阶段主要的任务是识别组织的重大问题、组建项目团队，并赋予团队成员的职责和资源以解决具体问题，定义流程，确定关键的质量指标等。这一阶段注意目标的制定要有可行性，不能过高，定义顾客的质量要求，说明改进的必要性与可行性。

第二步骤是测量阶段。测量阶段的主要任务是收集、整理和分析数据资料，精确描述问题产生的原因。这一阶段注意对当前的流程能力与质量水平进行评估。

第三步骤是分析阶段，分析阶段是质量改善模式的一个重要阶段。该阶段要将产生问题的原因进行分析和检验，以确定产生问题的关键原因。这一阶段要运用各种不同的分析工具与方法进行分析、检验。

第四步骤是改善阶段。改善阶段是指评估方案的设计，并对产生问题的过程进行重新设计和实施来解决关键的原因。这一阶段要注意发挥群体的创造力。

第五步骤是控制阶段。控制阶段的主要任务是制定并实施新的控制措施以防止问题复发。这一阶段要制定出质量控制指标，明确管理责任，建立新的管理制度，保证优化和创新流程。

三、六西格玛与全面质量管理的区别

六西格玛与全面质量管理有很多相似之处，但是又有些不同。全面质量管理是一种经营哲学思想，主要强调组织与文化的变革、全员参与；并且，全面质量管理的实现需要长期、系统与持续性的运作才能完成，它需要全员参与，通过基层的质量小组活动来实行。而六西格玛的运作是以项目团队的组织形式来开展工作，对成员的要求较高，强调的是突出关键核心问题，短期的经济效果非常明显。在企业实际操作过程中，六西格玛与全面质量管理及 ISO 9000 质量体系是相互补充的，可以同时运用。

【复习思考题】

1. 试阐述质量管理的概念。
2. 试阐述全面质量管理内涵与工作方法。
3. 试分析日本丰田全面质量管理方法。
4. 试阐述常用的质量管理的方法有哪些。
5. 试结合实例谈谈各种质量管理工具的方法。
6. 试阐述六西格玛质量管理的内涵。
7. 试分析六西格玛的运作模式与工作程序。

8.试阐述六西格玛与全面质量管理的区别。

9.试分析六西格玛质量管理的内涵。

10.试阐述六西格玛的运作模式与工作程序。

11.试分析六西格玛与全面质量管理的区别。

【案例分析】

安踏坚持提质量创品牌

安踏公司创立于1991年，2007年在香港上市。"安踏"的意思是"安心创业、踏实做人"。安踏集团是一家专门从事设计、生产、销售运动鞋服、配饰等运动装备的综合性、多品牌的体育用品集团。2020年净利润为51.62亿元。经过近30年的发展，安踏集团已从一家传统民营企业转型为具有现代化治理结构和国际竞争力的公司。从2015年起，安踏集团一直是中国最大的体育用品集团，市值在2019年8月超过了1700亿港币，位列全球体育用品行业第三位。在2021年的《财富》中国500强排行榜中排名第289位。

安踏作为民营企业带头人曾让大多数中国人体验"永不止步"的运动生活。2007年安踏作为中国本土运动品牌在海外资本市场募资的纪录。2008年安踏上半年净利润高达4.34亿元，较上年同期翻倍，超过同行李宁、特步。实际上，安踏依托晋江体育产业集群来塑造产业价值链提升，保证企业的盈利能力。安踏有步骤地对体育用品的设计、采购、生产、物流、品牌包装、终端销售等各个价值环节进行系统布局。2005年安踏成立国内首个运动科学实验室，获得40多项国家级专利，为CBA联赛的大多数运动员提供了篮球鞋及其个性化定制方案。安踏现已设立了福建、江苏、北京、广东四大仓储物流中心和6个营运分部，设置近300人的专职团队为经销商承担物流、品牌等服务，覆盖全国600多个城市5193家终端店面的网络。安踏注重产品质量管理，在公司开张的第三年，安踏曾接到鞋头断裂投诉。检测结果是鞋底质量问题，同一批次同一款式产品销毁意味着损失100万元，安踏将1万双已发往全国八大区的鞋子全部召回并销毁。为保证产品质量，安踏先后已经投资近亿元进行设备更新，并自行研制了"现场5S标准"等生产管理准则，并在安踏核心管理层中专门设职直接进行产品质量管理。在产品面料和辅料选择上安踏要求供应商符合其发展原则——具有同等开发能力，采购团队对其进行系统考核并留有合理的利润空间。安踏自建的22条鞋类生产线和两个服装生产基地，还积极与裕元等巨型代工企业合作外包业务，通过分包生产的方式进行大规模生产使安踏实现"25天完成新货覆盖"的加单能力。

安踏全体员工始终以消费者为中心，把好产品质量关。安踏已拥有来自18个国家和地区的200多名设计师和研发专家，申请国家创新专利2000余项。以质量取胜拓展了其发展空间。2020年安踏运动服饰及运动鞋全国市场占有率分别超过了15%和10%，位列中国同类品牌首位。据统计，安踏创新产品占整体销售比为30%，利润占比50%以上。安踏为北京冬奥会和冬残奥会工作人员、技术官员、志愿者提供的赛时制服装备具备超强保暖、防水透湿、清新抗菌功能。安踏自主研发的"吨位级"举重鞋，助力东京奥运会运动员奋力拼搏；安踏研发设计的合成纤维特制面料，为索契冬奥会运动员提供更为安全和可靠的防护。这些年，安踏大胆求变、变种寻机，顺应消费升级，不断加速品牌升级，拥有着与国际著名品牌相媲美的创新能力，代表中国品牌走向世界。

资料来源：《人民日报》资料整理 2021

讨论问题：试阐述安踏严控产品质量关的作用与意义。

第十三章

精益生产

【本章提要】

本章在阐述精益生产的产生与发展的基础上，对精益生产的概念、特征、生产方式、实施步骤与看板的基本概念、种类和使用原则进行了阐述。

【名词解释】

1.精益生产。精益生产就是以零库存、高柔性和无缺陷为目标，减少或剔除不能带来价值增值的环节或产品，针对同一条流水线可以实现小批量、多品种、高质量、低成本的一种新型生产管理模式。

2.看板，又称为"卡片"，在日语中的意思是"标记牌"。其上面记载有零部件型号、取货地点、送货地点、数量、工位器具型号及盛放量等信息，以此作为取货、运输和生产的指令，后道工序根据看板向前道工序取货。

【引导案例】

你曾有过背着超重的背包，背部与背包之间有一种被热融为一体的难受感吗？当你卸下背包，背部全部湿透了，衣衫粘在身上。领先的户外运动装备制造商 Jack Wolfskin（德国狼爪）推出了一款带有3D打印背垫的徒步旅行包，解决了上述困扰你的问题，提升了用户背包旅行的舒适感。这是使用了增材制造技术。这种技术大幅改进了徒步旅行背包的设计，突破了传统旅行背包在重量、耐用性以及通风性方面带来的痛点与局限性。3D打印晶格点阵结构替代传统泡沫材料，显著改善了体育产品的舒适性、透气性、负载控制等性能，提高了用户体验。目前阿迪达斯、Jack Wolfskin 等知名体育品牌主动采用3D打印技术，将其与新产品制造、品牌附加值深度融合，成为3D打印技术赋能体育产品创新的一大突破。

第一节　精益生产的产生与发展

精益生产方式的发展过程可以概况地分为三个阶段：丰田生产方式的产生阶段，丰田生产方式的形成阶段，精益生产方式的发展阶段。

丰田生产方式的产生阶段

20世纪初，大规模流水生产在生产技术以及生产管理史上具有极为重要的意义。从美国福特汽车公司创立第一条汽车生产流水线以来，大规模的生产流水线一直是现代工业生产的主要特征。大规模生产方式是以标准化、大批量生产来降低生产成本、提高生产效率的。这种方式适应了美国当时的国情，汽车生产流水线的产生，将汽车从奢侈品变成了大众化的交通工具，美国汽车工业由此迅速成为美国的一大支柱产业，并带动和促进钢铁、玻璃、橡胶、机电以至交通服务业等在内的一大批产业的发展。

第二次世界大战以后，市场需求转向多样化发展阶段，生产方式也由单品种、大批量的流水生产方式转向多品种、小批量的生产方式。

为了适应市场需求变化，由日本丰田汽车公司首创的精益生产，作为多品种、小批量混合生产条件下的高质量、低消耗进行生产的方式在实践中摸索、创造出来。

1950年，日本工程师丰田英二到底特律对福特的鲁奇厂进行了3个月的参观考察。鲁奇厂是当时世界上最大、效率最高的制造厂。丰田英二对其进行了系统的研究和分析，并与在生产制造方面富有才华的大野耐一进行研讨做出总结，他们一致认为大量生产方式不适合日本国情。主要是因为日本当时国内市场需求量小，消费者对汽车需求量小而品种多，二战后的日本缺乏先进技术、设备和劳动力。由此丰田英二和大野耐一对日本生产方式提出革新。

丰田英二和大野耐一进行了一系列的探索和实验，根据日本的国情，提出了解决问题的方法。经过30多年的努力，终于形成了完整的丰田生产方式。

首先，大野耐一对自己负责的工厂实行一些现场管理方法，如目视管理法、一人多机。U形设备布置法等，这便开始了丰田初期的生产方式。而随着大野耐一的管理方法逐步取得成效，其管理方法便在工厂更大范围内实施和应用，使日本的汽车工业超过了美国，产量达到了1300万辆，占世界汽车总量的30%以上。随着这些方法得以逐步完善，最终建立起一套适合日本的丰田生产方式。

丰田生产方式是日本工业竞争战略的重要组成部分。丰田生产方式的指导思想就是通过生产过程整体优化，改进技术，调整物流，避免超量生产，去除无效劳动与浪费，有效利用资源，降低成本，改善质量，达到用最少的投入实现最大产出的目的。

1973年石油危机后，日本经济出现负增长，在这种经济背景情况下，丰田公司不但没有受到影响，而且还获得高于其他企业的利润，并且利润逐年递增。这样，丰田生产方式受到社会的重视和学术界的认可，得以普及和推广并形成了较完整的内容体系。

精益生产方式的形成阶段

1985年，美国麻省理工学院筹资500万美元开展题为"国际汽车计划"（IMVP）的研究项目，主要是针对日本汽车工业成功运营进行系统调查和研究。该项目由丹尼尔·鲁斯教授主持，17个国家53名专家、学者共同参与完成。课题组从1984年到1989年，用了5年时间对14个国家近90个汽车装配厂进行实地考察，收集并查阅上百份公开的简报和资料，并针对西方的大量生产方式与日本的丰田生产方式进行系统对比分析和研究，于1990年出版了《改变世界的机器》一书，首次将丰田生产方式命名为"精益生产方式"。此项研究成果在汽车业内引起巨大轰动，掀起学习精益生产方式的狂潮。精益生产方式的提出，把丰田生产方式从生产制造领域扩展到产品开发、协作配套、销售服务、财务管理等各个领域，贯穿于企业运营的全过程，使其内涵更加全面、更加丰富。

1996年，该项目进入第二阶段的研究，并出版了《精益思想》一书。这本书重点描述了学习丰田方法所必须遵循的原则和操作步骤，完善了精益生产的理论体系，为精益生产方式的开展打好了理论基础。

此时，美国企业界和学术界对精益生产方式进行了广泛的学习和研究，完善了丰田生产方式理论与实践操作内容，如增加IE技术、信息技术、文化等对精益生产理论进行完善，以使精益生产具有更加广泛的适用性。

精益生产方式的发展阶段

进入20世纪，精益生产的理论和方法得到越来越多的专家学者的研究，提出各种新理论和方法，如大规模定制（mass customization）与精益生产相结合、单元生产、JIT2、5S的新发展、TPM等。

在美国，许多大企业引进精益生产方式，创造出适合本企业实际需要的管理体系，并将其方法进行具体化，以便指导公司内部各个工厂、子公司之间掌握精益生产方式，同时以图表形式分解具体工作内容，让员工按照图表流程进行实际操作，对每一具体工作内容实施标准化评价。

在此阶段，精益思想先后成功地在建筑设计、服务行业、民航、运输业、医疗保健领域、通信和邮政管理以及软件开发和编程等方面得到广泛应用，使得精益生产系统更加趋于完善。

第二节　精益生产概述

一、精益生产概念

精益生产（Lean Production，简称LP），也称精益制造（Lean Manufacturing）。精，即少而精，不投入多余的生产要素，只是在适当的时间投入必要的生产要素；益，即经济效益。精益生产就是以零库存、高柔性和无缺陷为目标，减少或剔除不能带来价值增值的环节或产品，针对同一条流水线可以实现小批量、多品种、高质量、低成本的一种新型生产管理模式。

二、精益生产的特征

精益生产的特征主要有以下四点，具体为：

（一）零库存

精益生产追求的主要目标之一就是要力求使企业物资产品流通过程中实现零库存目标，避免物资资源的闲置和浪费导致成本增加。

（二）高柔性

由于市场需求不断变化，为了满足消费者的差异化需求，实现小批量、多品种，高质量、低成本的目标，组织需要采用柔性的生产组织方式，以有效地应对市场日益多变的需求。精益生产的目标就是快速应对市场不断变化的需求。

（三）无缺陷和增值

精益生产追求的主要目标之一就是要消除组织生产过程中不合格、缺陷产品，通过全员参与全面质量管理工作，以保证组织生产各环节处于正常且良好的工作状态。

（四）提升价值

精益生产追求的是产品生产的合理性、高效性和增值性，减少或剔除不能带来价值增值的环节或产品，组织以最少的资源投入获得成本和运作效益的一种全新的生产管理模式。通过精益生产方式可以使企业人力资源得到合理组织和配置，提高

201

新产品开发周期1/2～2/3；减少组织在制品的1/10，提高1/2库存占用空间，减少1/4的成本库存量，提高近3倍的产品质量。

三、精益生产方式

精益生产方式主要包括准时生产、建立柔性生产机制、全面质量管理、柔性的组织结构形式四部分。这四部分是实现精益生产的重要保障。

（一）准时生产（Just-in-time，JIT）

准时生产是通过采用拉动式生产方式减少库存量，实现企业零库存的一种生产方式。拉动式的生产方式是指企业产品的生产是以由顾客对产品的需求而反向产生的（如图13-1所示），即是由顾客对某一特定的产品产生需求进而导致企业的生产。

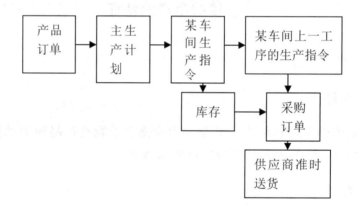

图13-1　拉动式生产方式

（二）建立柔性生产机制

组织为实现小批量、多品种，避免了生产过程中物资等候、闲置等情况，需要建立柔性化生产机制，保证资源的有效利用，节省时间和成本。

（三）全面质量管理

精益生产要求企业运营的各环节实现价值增值，避免资源的浪费和无效投入，因此，实现精益生产要求企业全员投入质量控制中来，保证和提高企业运营过程中的物资产品质量。充分发挥和调动每一名员工的工作责任心和工作积极性，从企业运营的各个生产的每一个环节入手，以保证产品质量为中心，检查和控制生产过程中的每一道工序，及时发现质量问题和解决问题，力争以少的投入获得高产出和价值。

（四）柔性的组织结构形式

为适应市场需求的不断变化，企业应选择灵活多变的组织结构形式，加强各部门之间的有效沟通、交流和协作。为此，组织在运营过程中应采用柔性多变的组织结构形式，精简机构和管理层次，强调团队成员的一专多能，保证在产品的开发与设计阶段充分结合市场需求进行信息的及时沟通、交流和反馈，提高工作效率。

通过以上关于精益生产的特点及生产方式研究，可以归纳出精益生产系统，如图13-2所示。

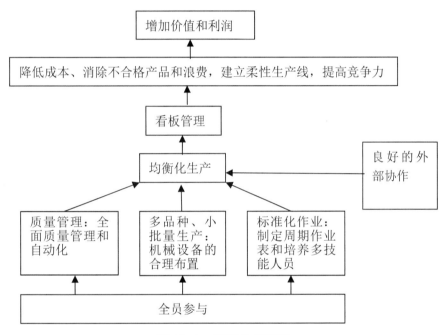

图13-2　精益生产系统

第三节　精益生产的实施步骤与看板

一、精益生产方式的实施步骤

精益生产实施过程追求7个零极限目标：零切换浪费、零库存、零不良、零停滞、零灾害、零故障、零浪费。其具体的实施步骤是从观念转变开始，经过现场管理、流动生产、制定作业周期表，再到标准化过程，最后准时提供顾客所需的产品过程。如图13-3所示。

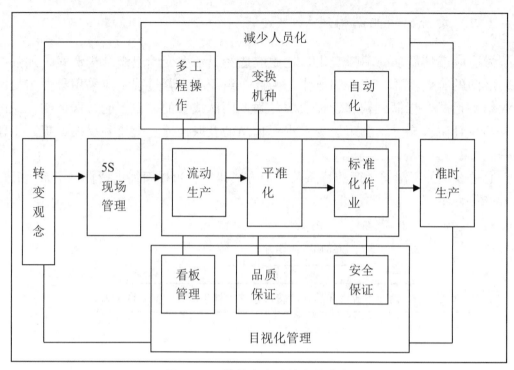

图13-3　精益生产系统实施步骤

其中，"转变观念"是指让全员对精益生产有共同的理解和认识，减少废品率和待工时间，提高工作效率。"5S"概念中的5S来自日文，代表整理、整顿、清扫、清洁和保养的含义，这5个单词前面发音都是"S"，所以统称为"5S"。"多工程操作"是指为了适应市场需求的不断变化，追求以较少的资源投入，降低产品成本，获得高的效益。为此，明确划分人与机械工作内容，操作者可以从机械操作中脱离出来，使人与机械处于分离状态；将生产线布置成U形，机械设备改造成自动化，并将操作人员的分散的机械集中到一起，精简人员，提高工作效率；实行站立作业；将工作内容做成工作联系计划表，培养员工技能的多样化。"平准化"是指按照市场需求来安排物流的生产。这种方式可有效减少每种产品的生产批量，有效提高生产柔性，还有利于提高生产计划的实时响应能力。"减少人员化"是为适应市场变化的需求，减少人员生产的数量，降低成本。具体为：在设备或机械上，安装滑轮，便于移动。将设备集中到一起，便于生产线的多工程操作。将生产流程形成标准化作业，便于员工操作。将员工训练成为多技能人员。制定作业周期表是指详细制订计划，计划产出的产品品种、数量、时间及种类。具体为：将日产量、月产量做成周期表，缩短变化准备及零件更换的时间，保证工作的连续性。"自动化"是指一切加工动作，全由机械自动完成，保证人与机械的有效分离。一旦出现不良状况，立即停止机械操作。变换准备时间指从上一个加工完成以后到下一个加工产品生产之前，模具的、装配物及零件等实施5S基础。质量保证是指组织为满足顾客需求的产品，对物资资源及生产方式的布置和管理，保证产品质量，消除搬运、存库、停滞的浪费。具体方法是设备的"自动化"和人员的自主化。具体如下：第一，使设备或生产线能够自动检测不良产品，一旦发现异常或不良产品可以自动停止设备运行的机制；第二，生产第一线的设备操作工人发现产品或设备的问题时，有权自行停止生产的管理机制。看板管理是作业的具体指示以及零件调配的依据，它与产品一起流动，前工序只需要按照后工序的数量进行，使员工知道生产线的作业情况，彻底实现目视化管理。目视化管理是指让全员通过目视的方法对人员进行管理。在具体操作过程中，通过目视化管理可以知道何人、何处有问题；还可以利用指示灯传达工作信息，标出不良产品区。安全保证是指在器械运行过程中，定期检查和保养机械、设备，防止事故灾害的发生。要求人与机械的有效隔离，实现安全工作。

二、精益生产方式的实施手段

（一）生产同步化

同步化生产是指工序间、部门之间不设置仓库，前一工序的加工结束后，加工件立即转到下一工序去，装配与机械加工几乎同时进行，产品按顺序连续生产出来。

生产同步化还需通过采取相应的设备配置方法以及人员配置方法来实现。即不是按照工业专业化的组织形式，而是按照产品加工的先后顺序来布置设备，并通过缩短作业切换时间来减少产品的生产数量。作业更换时间一般由三个部分组成：一是内部时间。必须停机才能进行的作业更换时间。二是外部时间。即使不停机也可进行的作业更换时间，如模具、工夹具的准备、整理时间。三是调整时间。作业更换完毕后为保证质量所进行的调整、检查等所需的时间。

（二）生产均衡化

生产均衡化是指总装配线在向前工序领取零部件时，应均衡地使用各种零部件，混合生产各种产品。

均衡生产主要是通过合理安排月日生产计划来实现的。

在流水线生产方式中，均衡化主要是通过专用设备通用化和制定标准作业来实现。专用设备通用化是指专用设备上增加相应的工夹具使其能够生产加工不同的产品。

（三）生产柔性化

生产柔性化是指组织通过设置固定和变动生产线及简易生产线等来实现不同类型产品的生产。

三、看板的概念、种类及使用原则

（一）看板的概念

看板是精益生产系统中进行生产指令和物料移动的一种方法。看板，又称为"卡片"，在日语中的意思是"标记牌"。其上面记载有零部件型号、取货地点、送货地点、数量、工位器具型号及盛放量等信息，以此作为取货、运输和生产的指令，后道工序根据看板向前道工序取货。看板的重大意义是一个可视的系统，所有零件都整齐地放在固定容器中，通过目视就可以知道产品是否满足需要，实现小批量生产、运送和生产均衡化。

（二）看板种类

根据看板的功能和应用对象，可以将看板分为取货看板和生产订货看板。

1.取货看板。取货看板是指指示后工序的操作者按看板信息，到前工序或外协厂领取零部件，包括工序间取货看板和外协取货看板。如图13-4、图13-5所示。

工作地号：	工序名称与代号：
零件号：	
零件名称：	
材料名称：	

图13-4　生产看板

看板号：	
交货地点：	
交货时间：	
品名与代号：	数量与报纸代号：
供应商：	
用户：	

图13-5　外协看板

2.生产订货看板。生产订货看板是指在一个工厂内，指示加工制造规定零件及其数量，用于指挥工作地的生产。

（三）生产过程中看板系统的使用原则

1.前道工序按照后道工序的需求指令进行生产。

2.后道工序准时定量在规定点提取前道工序生产的后道工序所需物料。

3.有缺陷的物料严禁流入后道工序。

4.看板适应于需求量小波动和重复生产情况，看板数量应尽量少。

【复习思考题】

1.试阐述精益生产的概念、特征及生产方式。

2.试分析精益生产的实施步骤有哪些。

3.试阐述看板的概念、种类及适用原则。

4.试阐述精益生产的产生与发展过程。

5.试分析我国体育用品企业在实施精益生产方面主要存在哪些问题。

【案例分析】

精益生产连续流

在精益生产中，设备功能布局方式是非连续流的，从局部来看效率提高，但从整体角度来看效率低下。由于物资需要大量搬运、存在大量在制品库存等原因，造成人员、时间、生产等方面出现浪费的常见问题。而创建连续流是精益生产改善的一个重要突破口。精益生产连续流能够避免独立作业和产品生产过量，减少制订生产计划难度和控制生产进度情况。精益生产连续流的作用主要有六点，即减少制造周期、减少搬运和库存、提升品质、减少生产批量、减少空间面积和生产更有效率。精益生产改善的方向是不断创建连续流，通过连续流改善现场管理状况，提高整体生产效率，提升作业人员及时解决问题的能力。在生产过程中，加工产品的重量和体积较大，不便于搬运，就要考虑使用环形单元生产线。环形单元生产线是将产品放置在流动的工作台上，通过环形滑轨实现产品加工。

讨论题:结合案例，试阐述精益生产连续流与非连续流的区别及其优势。

附　录

国家统计局　国家体育总局关于印发 《体育及相关产业分类（试行）》的通知

国统字〔2008〕79号

各省、自治区、直辖市统计局、体育局，新疆生产建设兵团统计局、体育局，国家统计局各调查总队：

为贯彻落实《国务院关于加快发展服务业的若干意见》的要求，改进和完善体育及相关产业统计工作，规范体育及相关产业的统计口径和范围，国家统计局和国家体育总局在深入研究的基础上，制定了《体育及相关产业分类（试行）》。现印发给你们，请遵照试行。

国家统计局　国家体育总局
二〇〇八年六月十八日

体育及相关产业分类 （试行）

一、目的和作用

（一）为贯彻落实《国务院关于加快发展服务业的若干意见》的要求，尽快建立科学、统一、全面、协调的体育及相关产业统计调查制度，特制定《体育及相关产业分类（试行）》。

（二）本分类为界定、规范我国的体育及相关产业提供了参考，为完善体育及相关产业统计制度奠定了基础。这对于科学制定体育及相关产业发展政策，积极培育体育消费市场，促进我国体育及相关产业可持续性发展，具有重要理论与现实意义。

二、范围

（一）本分类在《国民经济行业分类》（GB/T4754—2002）的基础上，规定了我国体育及相关产业的范围，适用于统计及政策管理中对体育及相关活动的分类。

（二）本分类规定的体育及相关产业是指为社会公众提供体育服务和产品的活动，以及与这些活动有关联的活动的集合。

（三）体育及相关产业的活动主要包括：

1. 体育组织管理活动；

2. 体育场馆管理活动；

3. 体育健身休闲活动；

4. 体育中介活动；

5. 其他体育活动；

6. 体育用品、服装、鞋帽及相关体育产品的制造；

7. 体育用品、服装、鞋帽及相关体育产品的销售；

8. 体育场馆建筑活动。

三、分类原则

（一）以党中央、国务院的方针、政策为指导。

本分类以党中央、国务院关于体育事业和体育产业的方针政策和改革精神为指导原则。

（二）兼顾部门管理和体育活动的自身特性。

本分类在满足反映体育体制改革需要的同时，还兼顾了政府部门管理需要，同时考虑了体育活动的自身特点。

（三）以《国民经济行业分类》为基础。

本分类的主要内容来源于《国民经济行业分类》，并根据体育活动的特点将行业分类中相关类别进行重新组合。所以，本分类也是《国民经济行业分类》的派生分类。

四、分类方法

（一）本分类依据分类原则，将体育及相关产业划分为三个层次。

第一层分为八个大类，主要体现部门管理和体育及相关产业活动的基本特征。

该层次每个大类用汉字数字一、二……表示。

第二层对每个大类再进一步细分，共分为24个中类，主要体现体育及相关产业的产业链机器上下层的关系。该层每个种类用阿拉伯数字1、2……表示。

第三层是《体育及相关产业分类（试行）》的具体活动类别层，共57个小类。该小类全部为《国民经济行业分类》中从事体育及相关产业活动的行业类别，也是第三层次所包括的行业类别层次，该层次不设置序号，为了与《国民经济行业分类》对应，用相应的行业代码表示这57个小类的代码。

（二）本分类中做特殊处理部分的内容如下：

1.延伸层。

《体育及相关产业分类（试行）》对第三层划分较粗的行业小类增设了延伸层，其目的是科学、准确、完整地描述这类行业所包括的体育活动。延伸层的类别不设代码和顺序号，在类别前用横线"—"表示。

2.含有部分体育活动的行业类别。

《国民经济行业分类》是按照活动的同质性原则划分的，但从体育的角度观察，有些行业小类不完全是体育及相关产业活动。为了在统计和管理中准确区分不属于体育及相关产业的活动，特在《体育及相关产业分类（试行）》中对这类行业做标记（*）。

五、体育及相关产业分类（试行）表

类 别 名 称	国民经济行业代码
一、体育组织管理活动 **1**．体育行政、事业组织管理活动 社会事务管理机构* —体育社会事务管理机构	9424
体育组织（指专业从事体育比赛、训练、辅导和管理的组织的活动） —各种职业体育俱乐部 —各种运动队 —各种群众性体育组织 —各种专项性体育管理组织（如体育协会、中心）	9110
2．其他体育组织管理活动 专业性团体*	9621
—体育社会团体服务 其他社会团体* —体育基金会 —其他未列明的体育社会团体	9629

类　别　名　称	国民经济行业代码
二、体育场馆管理活动 体育场馆（指可供观赏比赛的场馆和专供运动员训练用场地的管理活动） —综合体育场 —综合体育馆 —体育训练基地 —游泳比赛场馆 —足、篮、排场馆 —网球、羽毛球、乒乓球场馆 —棋牌比赛场馆 —其他未列明比赛场馆	9120
三、体育健身休闲活动 休闲健身娱乐活动（指主要面向社会开放的休闲健身娱乐场所和其他体育娱乐场所的管理活动） 　—综合性体育娱乐场所（游泳、保龄、球类、健身等一体的综合性健身中心） 　—保龄球馆 　—健身中心（馆） 　—台球室、飞镖室 　—高尔夫球场 　—射击、射箭馆（场） 　—滑沙、滑雪以及模拟滑雪场所的活动 　—惊险娱乐活动场所（跳伞、滑翔、蹦极、攀岩、滑道等） 　—娱乐性军事训练 　—体能训练场所 　—其他未列明的休闲健身娱乐活动 四、体育中介活动	9230
1. 体育商务服务 其他未列明的商务服务* 　—运动员的个人经纪代理活动 　—体育赛事票务代理活动 　—运动会筹备、策划、组织活动 　—其他未列明的体育商务服务	7499
2. 体育经济咨询服务 社会经济咨询* 　—体育经济咨询活动	7433
	9190

类 别 名 称	国民经济行业代码
3.体育经纪服务	
其他体育	
—体育经纪服务	
五、其他体育活动	8491
1．体育培训服务	
职业技能培训*	
—武术培训服务	
—其他体育项目培训服务	7550
2．体育科研服务	
社会人文科学研究与试验发展*	
—体育科学研究服务	9290
3．体育彩票服务	
其他娱乐活动*	
—体育彩票	8821
4．体育传媒服务	
图书出版*	8823
—体育图书出版服务	
期刊出版*	8940
—体育类杂志出版服务	
音像制作*	
—体育类录音制品制作服务	8824
—体育类录像制品制作服务	
音像制品出版*	
—体育录音制品出版服务	8910
—体育录像制品出版服务	
广播*	
—体育类广播节目制作服务	8920
—体育类广播节目播出服务	
电视*	
—体育类电视节目制作服务	
—体育类电视节目播出服务	
—体育类电视节目出口服务	
—体育类电视节目进口服务	7491
5.体育展览服务	
会议及展览服务*	
—体育用品展览服务	7470

类　别　名　称	国民经济行业代码
6．体育市场管理服务	
市场管理*	
—体育用品市场管理服务	7672
7．体育场馆设计服务	
工程勘察设计*	
—体育馆房屋建筑工程设计服务	
—健身用房屋建筑工程设计服务	
—室外体育设施设计服务	8329
8．体育场所保洁服务	
其他清洁服务*	
—体育场所保洁服务	9040
9．体育文物及文化保护服务	
文物及文化保护*	
—民族体育运动保护服务	
六、体育用品、服装、鞋帽及相关体育产品的制造	2421
1．体育用品制造	2422
球类制造	2423
体育器材及配件制造	2424
训练健身器材制造	2429
运动防护用具制造	
其他体育用品制造	1810
2．体育服装及鞋帽制造	
纺织服装制造*	1830
—运动类服装	
制帽*	1921
—各种运动帽制造	
皮鞋制造*	2960
—皮运动鞋靴	
橡胶鞋制造*	3081
—布面运动胶鞋	
塑料鞋制造*	
—塑料制运动鞋靴	2452
3．相关体育产品制造	
游艺用品及室内游艺器材制造*	
—台球桌及其配套用品	
—保龄球设备及器材	
—投镖及投镖板	1755

类 别 名 称	国民经济行业代码
一沙壶球桌	
绳、索、缆的制造*	1923
一体育项目用网（兜）	
皮箱、包(袋)制造*	1539
一运动包	
茶饮料及其他软饮料制造*	3663
一运动用饮料	
武器弹药制造*	3672
一运动枪	
机械化农业及园艺机具制造*	
一运动场地滚压机	3724
一运动场机动割草机	
汽车车身、挂车制造*	3741
一高尔夫球机动车	
脚踏自行车及残疾人座车制造*	3991
一竞赛型自行车	
车辆专用照明及电气信号设备装置制造*	
一足球场、体育场等用的显示器	
七、体育用品、服装、鞋帽及相关体育产品的销售	6342
1.体育用品、服装、鞋帽及相关产品批发	6332
体育用品批发	
服装批发 *	6333
一运动服装批发服务	
鞋帽批发 *	6343
一运动休闲鞋帽批发服务	
图书批发*	6344
一体育类书籍批发服务	
报刊批发*	6345
一体育类杂志批发服务	
音像制品及电子出版物批发*	
一体育类激光视盘批发服务	
一体育类录像带批发服务	6349
一体育类电子出版物批发服务	
其他文化用品批发*	
一台球器材批发服务	
一飞镖器材批发服务	
一沙壶球器材批发服务	6542

类 别 名 称	国民经济行业代码
2. 体育用品、服装、鞋帽及相关产品零售	6533
体育用品零售	
鞋帽零售*	6532
—运动鞋专门零售服务	
服装零售*	6511
—运动服装专门零售服务	
百货零售*	6512
—体育百货零售服务	
超级市场零售*	
—体育类产品超级市场零售	6380
3. 体育产品贸易与代理服务	
贸易经纪与代理*	
—体育用品国际贸易代理服务	
—体育用品国内贸易代理服务	
八、体育场馆建筑活动	4710
1. 体育馆房屋工程建筑	
房屋工程建筑*	
—体育及休闲健身用房屋建筑	4729
2．体育场工程建筑	
其他土木工程建筑*	
—体育场地设施工程	
—室外体育用设施	

注：

1."*"表示该行业类别仅有部分活动属于体育及相关产业。

2.类别前加横线"-"表示行业小类的延伸层。

附：《体育及相关产业分类（试行）》编制说明

一、《体育及相关产业分类》制定背景和意义

为贯彻落实《国务院关于加快发展服务业的若干意见》，全面加强社会主义体育建设和深化体育管理体制改革，整合现有统计资源，充分发挥体育、统计部门的体育及相关产业统计优势，建立科学的体育及相关产业统计体系，全面系统地搜集和整理体育及相关产业统计资料，2006年成立了由国家体育总局、国家统计局等单位联合组成的"中国体育及相关产业统计研究"课题组。在各部门的通力合作下，课

题组完成了《体育及相关产业分类（试行）》的研制工作，并建议以国家体育总局和国家统计局的名义印发。

《体育及相关产业分类（试行）》的制定，为党中央、国务院推行体育体制改革、界定、规范我国的体育事业和体育产业提供了参考，同时也为课题组下一步开展体育及相关产业统计测算工作和建立、完善体育及相关产业统计制度奠定了基础。这对于科学制定体育产业发展政策，积极培育体育消费市场，促进我国体育产业可持续性发展，具有重要理论与现实意义。

二、《体育及相关产业分类（试行）》的制定方法

《体育及相关产业分类（试行）》结合国内外体育及相关产业实践界和理论界的经验，从统计工作的角度出发，将体育及相关产业的概念界定为："为社会公众提供体育服务和产品的活动，以及与这些活动有关联的活动的集合"。依据上述概念的界定，体育及相关产业的范围为以下几点：

（一）专门为社会公众提供比赛、训练、辅导和管理的组织的活动，如群众性体育组织、专项性体育管理组织的活动。

（二）为社会公众提供观赏比赛和专业训练的体育场馆管理活动，如综合性比赛场馆，训练用场地的管理活动。

（三）为社会公众提供的可供参与和选择的各种健身休闲活动场所的管理活动。

（四）为社会公众提供的体育中介活动，如各种体育商务代理、经纪、咨询活动。

（五）为社会公众提供的其他体育服务活动。

（六）提供体育服务所必须的体育用品、服装、鞋帽及相关体育产品的制造活动。

（七）提供体育服务所必须的体育用品、服装、鞋帽及相关体育产品的销售活动。

（八）提供体育服务所必须的体育场馆建筑活动。

《体育及相关产业分类（试行）》是以体育管理部门关于体育及相关产业的政策及改革精神为指导，以我国现阶段体育产业发展状况和发展方向为依据，以国民经济行业分类为产业基础，以活动的同质性和体育自身特征为原则，根据其概念和活动范围，将体育及相关产业划分为3个层次。体育及相关产业分类总框架分为8个大类，并对每个大类再进一步细分为24个中类，57个小类。

三、《体育及相关产业分类（试行）》的有关问题说明

（一）对体育竞赛表演业的处理。

从理论上看，体育产业的核心应当包括"体育竞赛表演业"和"体育健身休闲业"两大部分。从体育主管部门工作需求的角度，"体育竞赛表演业"的统计也居于核心地位。然而，在《体育及相关产业分类（试行）》中，我们只将"体育健身休

闲业"单独列出，而"体育竞赛表演业"并未明确为一个独立的分类。这样做的原因在于：

1."体育竞赛表演业"尚不具有独立于其他行业分类的现实条件。表现为当前我国从事竞赛表演经营活动的主体尚不明确；从产业活动的范围角度看，体育竞赛表演业的外延非常宽泛，比如很多体育竞赛表演业既包括了体育组织管理活动，又包括了体育场馆管理活动和其他体育服务活动，甚至包括了体育用品设施的制造活动等各种交叉产业活动，从而导致"体育竞赛表演业"难以清晰、独立地划分出来。

2.从国际比较的角度看，国外明确划分出"体育竞赛表演业"的统计分类尚未出现，通行的做法都是将其细分为体育组织管理、体育场馆管理和其他体育服务。

3.从我国已经颁布的《国民经济行业分类标准》来看，并未将"体育竞赛表演业"作为一个单独的行业列出。因此，为了能够与国家统计制度相互衔接，确保工作的权威性与数据的可靠性，我们主张将"体育竞赛表演业"进一步细分为能够符合《国民经济行业分类标准》的行业分类。

如果在未来实际工作中有对"体育竞赛表演业"进行专项统计的需要，我们仍然能够从当前的分类中挑选出相关的分类进行测算。

（二）关于行业小类的处理。

1.延伸层。

《体育及相关产业分类（试行）》对第三层划分较粗的行业小类增设了延伸层，其目的是科学、准确、完整地描述这类行业所包括的文化活动。

2.含有部分体育活动的行业类别。

《国民经济行业分类》是按照活动的同质性原则划分的，但从体育的角度观察，有些行业小类不完全是体育产业活动。如行业小类"专业性团体"，包括指由同一领域的成员、专家组成的社会团体的活动，其中体育成员、专家组成的社会团体的活动只是"专业性团体"的一部分，为了在统计和管理中准确区分不属于体育及相关产业的活动，我们在《体育及相关产业分类（试行）》中对这类行业做标记。

来源：西双版纳傣族自治州人民政府网 2017

参考文献

[1] 陈荣秋，马士华.生产与运作管理[M].北京：高等教育出版社，1999.

[2] 陈荣秋.现代生产与运作管理[M].北京：北京师范大学出版社，2008.

[3] 陈福军.生产与运作管理[M].2版.北京：中国人民大学出版社，2008.

[4] 季建华.运营管理[M].上海：上海交通大学出版社，2004.

[5] 齐二石，朱秀文，何祯.生产与运作管理教程[M].北京：清华大学出版社，2006.

[6] 刘丽文.生产与运作管理[M].2版.北京：清华大学出版社，2002.

[7] 马士华，等.生产运作管理[M].北京：科学出版社，2007.

[8] 吴爱.质量管理学[M].广州：暨南大学出版社，1996.

[9] 王亚丽，等.生产计划与控制[M].北京：清华大学出版社，2007.

[10] 张群，马士华.生产管理[M].北京：高等教育出版社，2006.

[11] 陈志祥.现代生产与运作管理[M].广州：中山大学出版社，2002.

[12] 杰伊·海泽，巴里·伦德尔.运作管理[M].陈荣秋，张祥，等，译.北京：中国人民大学出版社，2006.

[13] 马蒂亚斯·霍尔韦格，弗里茨·皮尔.第二汽车世纪[M].陈荣秋，等，译.北京：机械工业出版社，2006.

[14] 詹姆斯·A.菲茨西蒙斯，等.服务管理[M].张金成，范秀成，译.北京：机械工业出版社，2000.

[15] 马士华，等.供应链管理[M].北京：机械工业出版社，2000.

[16] 戴维·A.科利尔，詹姆斯·R·埃文斯.运营管理[M].马风才，译.北京：北京大学出版社，2009.

[17] 刘大明，胡川.运作管理[M].武汉：武汉大学出版社，2005.

[18] 威廉·斯蒂文森.运营管理[M].张群，张杰，译.北京：机械工业出版社，2008.

[19] 韩炜，张英华.运营管理[M].北京：经济科学出版社，2009.

[20] 冯根尧，崔明花，杨晞.运营管理[M].北京：北京大学出版社，2009.

[21] 罗杰·G.施罗德.运营管理[M].任建标，译.北京：中国人民大学出版社，2009.

[22] 肖淑红.运营管理[M].北京：首都经济贸易大学出版社，2009.

[23] 李季主编.企业运营管理[M].北京：首都经贸大学出版社，2006.

[24] 拉瑞，等.运营管理基础[M].王夏阳，译.北京：中国人民大学出版社，2005.

[25] 雅各布斯，蔡斯.运营管理[M].任建标，译.北京：机械工业出版社，2011.

[26] 马士华，林勇.供应链管理[M].北京：机械工业出版社，2010.

[27] 乔普拉，等.供应链管理[M].陈荣秋，等，译.中国人民大学出版社，2008.

[28] 龚益鸣，等.质量管理学[M].上海：复旦大学出版社，2008.

[29] 梁工谦.质量管理学[M].北京：中国人民大学出版社，2010.

[30] 殷博益.市场调查与预测[M].北京：中国电力出版社，2010.

[31] 胡丽霞，陈捷.市场调查与预测[M].北京：科学出版社，2012.

[32] 吴杨.市场调查与预测[M].北京：中国科学技术大学出版社，2009.

[33] 王方华，企业战略管理[M].上海：复旦大学出版社，2007.

[34] 徐君，李冰，李莉，等.企业战略管理[M].北京：清华大学出版社，2008.

[35] 席玉宝，等.中国体育用品产业与市场实证研究[M].北京：北京体育大学出版社，2006.

[36] 沈凤池.电子商务基础[M].北京：清华大学出版社，2005.

[37] 赵立平.电子商务概论[M].上海：复旦大学出版社，2003.